Was die Kinderseele stark macht

Petra Reeg-Herget

Petra Reeg-Herget

WAS DIE KINDERSEELE STARK MACHT

Anregungen und Konzepte für die Persönlichkeitsentwicklung in Kindergarten, Grundschule und Familie

Besuchen Sie uns im Internet:

http://www.rosamontis.de

ISBN 978-3-940212-21-4

Gesamtherstellung: Rosamontis Verlag
Titelfotos: Archiv P. Reeg-Herget

Bibliografische Information der Deutschen Nationalbibliothek Die Deutsche Nationalbibliothek verzeichnet diese Publikation in der Deutschen Nationalbibliografie; detaillierte bibliografische Daten sind im Internet über http://dnb.ddb.de abrufbar.

Inhaltsangabe

Schluss

Vorwort

Das vorliegende Buch „Was die Kinderseele stark macht" von Petra Reeg-Herget bietet Erstaunliches. Es ist eine Fundgrube für Menschen, die sicherer werden wollen im Umgang mit den Bedürfnissen und Gefühlen von ihnen anvertrauten Kindern.

Die Autorin ermutigt zum Werte orientiertes Handeln, zur achtsamen Wahrnehmung und zu einfühlsamer Resonanz auf die leisen und lauten Töne im Leben mit Kindern. Gleichzeitig gibt sie konkrete Hinweise, wie z.B. Erzieher/innen im Kindergartenalltag die emotionale Kompetenz der Kinder fördern können.

In einer Zeit, in der die kognitive Frühförderung nur allzu oft im Mittelpunkt zu stehen scheint, ist es wohltuend, wie deutlich die erfahrene Kindergärtnerin die Grundbedürfnisse von Kindern nach Struktur, Stimulation und Zuwendung in den Mittelpunkt stellt.

Dass sie dabei nicht bei der Forderung nach einer tragfähigen Beziehung, liebevoller Atmosphäre und achtsamer Spiegelung von Stimmungen der Kinder stehen bleibt, sondern ganz konkrete Ideen und Materialien anbietet, macht dieses Buch so kostbar. Gleichzeitig ermöglicht es den Lesern, die Arbeitsweise der Transaktionsanalyse in einem der wichtigsten Felder praxisnah kennen zu lernen – der Begegnung mit Kindern in der frühen Kindheit - einer besonders prägenden Lebensphase.

Ich wünsche diesem Buch, dass es den Weg zu vielen Erwachsenen findet und diesen hilft, sich in der Begegnung mit Kindern liebevoll und unerschrocken auf das Wesentliche zu besinnen – eine von Liebe und Achtung getragenen Beziehung, in der Kinder so sein dürfen, wie sie nun mal sind: leise und laut, fröhlich, traurig, ängstlich und wütend - und vieles mehr.

Heidelberg, im Juni 2008
Dörthe Verres

Weshalb ich dieses Buch geschrieben habe

Die Vielfalt der pädagogischen Fachbücher und Erziehungsratgeber ist mittlerweile sehr groß; schon allein daher, weil die Pädagogik einem fortlaufenden Wandel unterliegt.

In der Kindheit meiner Eltern war es wichtig, dass ein Kind gehorcht und sich zu benehmen weiß. Aus dem autoritär geprägten Erziehungsstil entwickelte sich in den siebziger Jahren die Gegenbewegung, die antiautoritäre Erziehung und darauf folgend der partnerschaftliche Erziehungsstil.

Heute liegt der Schwerpunkt der Erziehung auf Bildung. Eltern, Kindergärten und Grundschulen beschäftigen sich intensiv mit dem Bildungsplan. „Kinder haben ein Recht auf Bildung", oder „Bildung von Anfang an" sind die Kernthesen, welche aus den Ergebnissen der Gehirnforschung resultieren. Die Kinder sollen schon zeitig die bestmögliche Förderung erhalten, weil in den ersten Lebensjahren die Gehirnentwicklung am aktivsten ist. In dieser Zeit findet eine intensive Verknüpfung der Neuronen statt.

Einige Pädagogen fragen sich mittlerweile, ob der durch den Bildungsplan forcierte Förderdruck wirklich auch den gewünschten Bildungserfolg bringen wird. Wird sich die Bildung der Kinder infolgedessen wirklich verbessern?

Im Gegensatz hierzu besagt eine aktuelle Studie, dass jedes fünfte Kind psychisch auffällig ist. Die Zahl der Kinder mit psychischen Schwierigkeiten nimmt also zu. Ein Hauptgrund hierfür liegt meines Erachtens in unserer Gesellschaft. Welche Werte verkörpert sie heutzutage, was gibt sie unseren Kindern als Stärkung und Lebensermutigung weiter?

Als Transaktionsanalytikerin im Fachbereich Pädagogik/Erwachsenenbildung ist es mir ein tiefes Anliegen, die Kinderseelen zu stärken. Dafür brauchen wir eine beziehungsorientierte Pädagogik, die geprägt ist von Offenheit, gegenseitiger Wertschätzung und konstruktivem Umgang mit Konflikten. Wenn sich Kinder (und Erwachsene) als Gesamtperson wertgeschätzt fühlen, können sie auch Vertrauen in ihre Fähigkeiten entwickeln. Dieser Aspekt bildet die Grundlage für eine gesunde seelische Entwicklung und für effektives Lernen.

Mit den in diesem Buch beschriebenen inhaltlichen Konzepten und Gedankenimpulsen möchte ich hierfür einen Beitrag leisten.

Die Herausgeberin
Petra Reeg-Herget

„Man vergisst nichts ..."

Mein Kinderbuch mit sieben Siegeln,
es ist geschrieben
und es bleibt
solang ich träumen kann und lieben
der allerschönste Zeitvertreib;

immer suchten wir den Anfang,
immer fanden wir nichts mehr,
als dieses „Junge, mach mal halblang"
und alle sehnten sich so sehr.

Man weiß als Kind um jede Wahrheit,
man sieht es, wie es wirklich ist,
nur mit der Zeit geht man auf Abstand,
damit man nicht verletzbar ist. (...)

Man vergisst nichts
nichts
keine Stimme
kein Gesicht
nicht die Kindheit
nicht die Fragen
man sieht sie nur anders an

man vergisst nichts
nichts
keine Nacht
und kein Gesicht
die Gerüche
und die Farben
man gewöhnt sich nur daran.

Klaus Hoffmann

Musik und Text: Klaus Hoffmann - Aus seiner CD „Hoffmann Berlin" 1998

Persönlichkeitsentwicklung und Beziehungsgestaltung im pädagogischen Alltag mit Konzepten der Transaktionsanalyse

Die ersten Lebensjahre sowie die Zeit im Kindergarten- und Grundschulalter sind sehr wichtige und prägende Bausteine in der Entwicklung eines Kindes.

In seiner Familie macht das Kind seine ersten Beziehungserfahrungen, später werden die entstandenen Grundlagen für soziales Lernen und Persönlichkeitswachstum ergänzt und weiter ausgebaut. Für das Kind ist der/die Erzieher/in oder Lehrer/in neben den Eltern eine wichtige Bezugsperson und ein Beziehungsvorbild.

Erfolgreiches Lernen basiert demnach auf einer sich gegenseitig wertschätzenden Beziehung zwischen Lehrendem und Lernendem. Ebenso wichtig ist eine gesunde seelische Entwicklung. Daher vergleiche ich die mir anvertrauten Kinder, bildlich gesprochen, gerne mit kleinen Pflanzen. Was brauchen diese Pflänzchen, um ihre Wurzeln weiter ausbilden, wachsen und sich entfalten zu können?

An diesem Punkt setzen die Konzepte der Transaktionsanalyse (TA) im Fachbereich Pädagogik/Erwachsenenbildung an. Es geht darum „aktiv Prozesse lebendigen Lernens für Menschen in jedem Lebensabschnitt zu ermöglichen und persönliches Wachstum zu fördern, das soziale Verantwortung einschließt“ (aus Infobroschüre der Deutschen Gesellschaft für Transaktionsanalyse). Es geht also darum, Kinder in ihrer seelischen

Entwicklung zu unterstützen und dabei auch das eigene Wachstumspotential zu stärken.

Ein weiterer zentraler Aspekt ist die Gestaltung einer wertschätzenden Beziehungsebene. „Die Art und Weise, wie Menschen miteinander umgehen, wie sie miteinander sprechen, handeln, denken und fühlen, entscheidet darüber, wie glücklich und erfolgreich sie sind." Dies bedingt, dass Menschen sich füreinander öffnen, bereit sind, ihr Verhalten zu reflektieren und voneinander zu lernen.

Ziel dieses Buches ist, Grundlagen für eine beziehungs- und wachstumsfördernde Pädagogik in der Erziehung und Arbeit mit Kindern zu schaffen. Dabei geht es mir neben der Vermittlung von Theorie um das eigene Nachspüren über die beschriebenen Konzepte und deren praktischen Umsetzungsmöglichkeiten für den Alltag in Familie, Kindergarten und Grundschule.

Die hier gesammelten Lieder, Bilderbuchtipps, Körperwahrnehmungsübungen, etc. bilden zusammen mit den Theorieimpulsen aus der Transaktionsanalyse einen „Methodenkoffer" mit kreativem Inhalt. Nun wünsche ich Ihnen eine gute Portion Spaß und Neugierde beim Lesen und Ausprobieren und würde mich freuen, wenn Sie viele „transaktionsanalytische Anregungen" in Ihrer Familie oder Ihrem pädagogischen Arbeitsfeld umsetzen können.

Was ist Transaktionsanalyse?

Bevor ich in die pädagogische Praxis einsteige, gilt es den Begriff „Transaktionsanalyse" etwas näher zu erläutern.

Hinter dem eher kompliziert klingenden Wort verbirgt sich eine Anzahl vielfältiger wirksamer Konzepte. Die Transaktionsanalyse ist eine psychologische Methode, die Menschen darin unterstützt ihr persönliches Potential kennenzulernen und es weiter zu entwickeln. Einige Konzepte helfen, innere Prozesse und die Entwicklung der eigenen Lebensgeschichte zu verstehen (Wer oder wie bin ich? Was denke ich über mich und die Welt?).

Die Transaktionsanalyse ist auch „ein Kommunikationskonzept, das die Möglichkeit bietet, zwischenmenschliche Kommunikation zu beschreiben und zu erklären." *

Ziel ist die Gestaltung einer effektiven Kommunikation, sowohl im beruflichen als auch im privaten Umfeld. Daneben ist die Transaktionsanalyse ein Beratungs- und Therapiekonzept, „das dabei hilft, mit psychischen Erkrankungen und Störungen umzugehen und individuelles Wachstum zu fördern." *

Entstanden ist die Transaktionsanalyse in den fünfziger Jahren an der amerikanischen Westküste. Ihr Begründer Eric Berne entwickelte auf der Basis des Menschenbildes aus der humanistischen Psychologie der Integration von Modellen aus der Tiefenpsychologie und Verhaltenstherapie einen eigenständigen neuen Ansatz.Die Grundlage seiner Konzepte

* aus der Infobroschüre der Deutschen Gesellschaft für Transaktionsanalyse

besteht aus einer respektvollen und anerkennenden Haltung eines Menschen, sich selbst und anderen gegenüber, die sich in der auf den ersten Blick so einfachen Formel „Ich bin o.k. – Du bist o.k." ausdrückt.

Seine Arbeit mit Menschen war von der grundlegenden Annahme geprägt, dass Menschen von ihrem Wesen her „in Ordnung" (o.k.) sind, die Fähigkeit zum Denken haben, eigene Entscheidungen treffen und diese auch ändern können.

1 - Grundeinstellung und Werte in Erziehung und pädagogischer Arbeit mit Kindern

Mein pädagogisches Denken und Handeln basiert auf dem Menschenbild der Humanistischen Psychologie, welcher auch die Transaktionsanalyse angehört. Die Grundannahmen der TA leiten sich aus diesem Menschenbild ab. Ich teile die Überzeugung, dass Menschen von ihrem Wesen her in Ordnung sind, selbstständig denken können (sofern keine schwere geistige Beeinträchtigung vorliegt) und demzufolge auch in der Lage sind, Entscheidungen zu treffen und die Verantwortung für ihr eigenes Leben zu übernehmen.

Menschen sind von ihrem Wesen her in Ordnung.

In meiner Einstellung zu mir und zu anderen Menschen bedeutet dies für mich: Ich bin von meinem Wesen her in Ordnung und ebenso der Mensch, mit dem ich in Beziehung trete. Ich unterscheide dabei die „Sein-" von der Handlungsebene. So achte ich den Menschen als Gesamtperson, akzeptiere jedoch nicht unbedingt sein Verhalten. Im Kontakt mit den Kindern bedeutet dies auch die Gestaltung einer partnerschaftlichen Beziehungsebene, auf welcher die gegenseitigen Bedürfnisse und Wünsche artikuliert und ernst genommen werden.

Zu einer wertschätzenden Grundhaltung gehört für mich auch eine ressourcenorientierte Arbeitsweise. Ich schaue zuerst einmal, was die Kinder gut können, wo ihre Ressourcen liegen und bestärke sie neben ihrem Sein in ihren vorhandenen Fähigkeiten durch positive Rückmeldung, anstatt den Fokus auf eventuell vorhandene Defizite zu legen, die noch förderungsbedürftig sind.

Menschen haben die Fähigkeit zum Denken.

Die Kinder, die einen Kindergarten besuchen, haben in der Regel keine schweren geistigen Beeinträchtigungen. Das heißt, sie sind in der Lage, ein bestimmtes Maß an Verantwortung für ihr Denken, Fühlen und Handeln zu übernehmen. In der pädagogischen Arbeit bedeutet dies, dass den Kindern Raum für selbstständiges Denken geschaffen werden sollte. Wenn die Kinder in der Freispielphase ihre Spielmöglichkeiten und Spielgruppen frei wählen, Konfliktsituationen klären lernen, im Stuhlkreis ihre Meinung vor der Gruppe vertreten, wird das selbstständige Denken, Fühlen und Verhalten der Kinder gefördert. Die Kinder lernen, Entscheidungen zu treffen und hierfür auch Verantwortung zu übernehmen.

Jeder Mensch entscheidet über sein eigenes Schicksal und kann seine Entscheidungen auch ändern *

* vgl. Joines und Stewart 1990, S.28

Kinder im Kindergartenalter sind von ihrer Entwicklung her in der Lage, in einem bestimmten Maß Entscheidungen zu treffen und diese gegebenenfalls auch zu verändern.

In der pädagogischen Arbeit ist es wichtig, den Kindern einen sinnvollen und gleichzeitig schützenden Freiraum zu geben, in welchem sie selbständig konstruktive, ihre Entwicklung fördernde Entscheidungen treffen können. Manche Kinder haben einen engen, ihre Entwicklung einschränkenden Entscheidungsspielraum. Sie sind teilweise gewohnt, dass andere Personen (Eltern oder Großeltern) für sie Entscheidungen treffen. Bei diesen Kindern ist es sinnvoll, behutsam eine Erweiterung ihres Entscheidungsspielraumes anzuregen. Hierbei ist natürlich eine konstruktive Zusammenarbeit mit den Eltern von großer Bedeutung. Dies gilt im Besonderen im Umgang mit verhaltensauffälligen Kindern. Hierbei ist meine pädagogische Intention, dass das Kind sich im Laufe seines Entwicklungsprozesses aktiv für ein neues, konstruktives Verhaltensmuster entscheidet.

1.1 Wie Menschen lernen – Ein kurzer Exkurs über verschiedene Lerntypen

Seit der Pisa-Studie wird viel über Bildung und Lernen gesprochen. Ich teile die Sichtweise, dass Bildung schon im Kindergarten beginnt. Meist geht es dabei jedoch um die Frage, was die Kinder lernen sollten. Über die verschiedenen Arten von Lernangeboten für den Elementarbereich gibt es mittlerweile eine wahre Flut von Büchern. Gezielte Sprachförderung, chemische Experimente mit Kindern durchführen, die Zahlenwelt erkunden, um nur einige zu nennen.

In diesem Zusammenhang ist es meines Erachtens gleichermaßen sinnvoll, die pädagogische Frage zu stellen: Wie lernen Kinder?

In der Schule wird oft von drei verschiedenen Lerntypen gesprochen, die z.B. durch einen Test ermittelt werden können. Auditiv Lernende nehmen den Lernstoff verstärkt über das Hören auf. Für visuell Lernende liegt der Schwerpunkt auf dem Sehen. Kinästhetisch Lernende beziehen ihren Körper mit ein, das Lernen findet über Körpererfahrung, (Berührung, Bewegung) statt.

Ein sechsjähriger Junge aus meiner Gruppe hat vor einiger Zeit am Maltisch öfters einen Traktor gemalt. Es war für mich die beeindruckende bildliche Wiedergabe eines „echten" Traktors. Seine Mutter erzählte mir daraufhin, dass der Opa einen Traktor besitzt. Nach seinem Urlaub mit den Eltern in Holland malte er eine Zeit lang Transportschiffe. Vermutlich lernt dieser Junge bevorzugt über das Sehen.

Ich halte es daher für äußerst sinnvoll, in Erziehung und Pädagogik diese drei Lerntypen zu berücksichtigen und Kinder auch unter diesem Fokus zu beobachten: Was macht das Kind besonders gern? Welche Sinne werden dabei angesprochen? Welchem Lerntyp lässt sich dies zuordnen? Gibt es hierbei einen Schwerpunkt?

Ganzheitliches Lernen bedeutet, dass im Alltag alle drei Lerntypen stimuliert und gefördert werden, sodass sich jedes Kinder „seinen" bevorzugten Lernkanal auswählen und dadurch effektiver lernen kann. Im Zeitalter der Medien findet oftmals eine einseitige Stimulierung über das Sehen und Hören statt, die Erfahrung über den Körper tritt in den Hintergrund.

Nähere Ausführungen hierzu erfolgen im nächsten Kapitel.

Weiterhin möchte ich noch vier verschiedene Formen von Lernen beschreiben, die in der pädagogischen Arbeit mit Kindern sowie in der Erziehung bewusst, zuweilen auch unbewusst angewandt werden und die kindliche Entwicklung mitprägen:

Lernen durch Verstärken (operantes Lernen):

Kinder (und auch Erwachsene) lernen, sich auf eine bestimmte Art und Weise zu verhalten, wenn sie für dieses Verhalten belohnt werden. Wenn Menschen für ein spezielles Verhalten Beachtung in Form von Zuwendung erfahren, werden sie motiviert, dieses Verhalten häufiger zu zeigen. Dies stärkt ihr Selbstbewusstsein und ermutigt letztendlich auch, Neues auszuprobieren Erhalten sie andererseits für ein bestimmtes Verhalten weniger Zuwendung, dann werden sie es weniger oft zeigen.

Gerade im Kontakt mit verhaltensauffälligen Kindern spielt diese Form von Lernen eine wichtige Rolle. Meist bemerken wir doch als erstes das störende Verhalten eines solchen Kindes und ermahnen es dementsprechend („Zappel nicht so rum, wir wollen ein Bilderbuch betrachten"). Also erhält es für diese Verhaltensweise Beachtung. Sinnvoller ist es, für ein erwünschtes Verhalten Zuwendung zu geben („Ich habe bemerkt, dass du heute im Stuhlkreis gut aufgepasst hast"). Hier erfährt das Kind für sein positives Verhalten Beachtung. Es wird geneigt sein, dieses Verhalten beizubehalten und in seiner Erscheinungshäufigkeit zu verstärken. Der Aspekt des Lernens durch positive Verstärkung wird uns bei einem nachfolgenden Thema noch einmal begegnen (siehe Zuwendungskultur).

Lernen durch Bestrafung:

Manchmal kann es sinnvoll sein, ein Kind durch eine Form von Bestrafung von seinem Tun abzuhalten, (wenn es dabei sich selbst oder andere Kinder gefährdet). Erfolgt jedoch nur die Bestrafung, ist der Bestrafte geneigt, sein Verhalten, zumeist „heimlich" zu wiederholen. Über kurz oder lang wird das destruktive Verhalten (zumeist verdeckt) wieder zum Vorschein kommen.

Um eine Verhaltensänderung zu unterstützen, ist es entscheidend, dass der Bestrafung eine klare Erwartung über das gewünschte Verhalten folgt und dieses Verhalten positiv verstärkt wird, sobald das Kind es zeigt.

Ebenso wichtig ist es, die Hintergründe bzw. die ursprüngliche Absicht des jeweiligen Verhaltens im Dialog mit dem Kind zu erkunden.

Beispiel:
Ein fünfjähriger Junge wird dabei „erwischt", wie er im Kindergarten im Außengelände über den Gartenzaun klettert. Die Erzieherin nimmt den Jungen an die Hand und setzt ihn neben sich auf die Bank. Es wird vermutet, dass er weglaufen wollte. Das Gespräch zwischen den beiden verläuft in einem eher kritischen Tonfall („du hast etwas Verbotenes getan, dafür wirst du jetzt bestraft").

Was dabei fehlt, ist das Ergründen der Motivation des Kindes. Weshalb ist der Junge über den Zaun geklettert? Wollte er tatsächlich weglaufen?
Auf mein behutsames Nachfragen erzählte mir der Junge am nächsten Tag, weshalb er über den Zaun klettern wollte:

F.: „Da lag ein kleiner Plastikstuhl im Gebüsch. Den wollte ich holen."

Erzieherin: „Eine Regel bei uns heißt, über den Zaun zu klettern ist verboten! Hätte es vielleicht noch eine andere Möglichkeit gegeben, den Stuhl zu holen?"

F.: „Ja, ich hätte außen herumgehen können. Doch da hätte ich eine Erzieherin fragen müssen. Die hätte das dann bestimmt nicht erlaubt. Und außerdem kommt man von dieser Stelle aus viel besser an den Stuhl heran. Wenn man außen herumläuft, ist das Gebüsch an dieser Stelle viel dichter."

Erzieherin: „Ich kann jetzt gut verstehen, weshalb du über den Zaun klettern wolltest. Nun möchte ich dir auch meine Gründe nennen, weshalb es verboten ist, über den Zaun zu klettern. Magst du sie hören?"

F. nickte mit dem Kopf und hörte mir zu.

Am Ende unseres kurzen Gesprächs fühlten wir uns beide in unserem Anliegen ernst genommen. Wir hatten einander zugehört, ohne eine vorschnelle Bewertung der Situation abzugeben.

F. hat dieses Gespräch sichtlich gut getan. Er konnte noch einmal über den Sachverhalt nachdenken, ohne sich dabei als Person abgewertet zu fühlen.

„Es ist von großer Bedeutung sich zu vergegenwärtigen, dass sich einzelne Bewertungen ebenso langfristig im Gehirn niederschlagen wie einzelne Wahrnehmungen."
(Manfred Spitzer in seinem Buch „Lernen", S. 346)

Erlernen von Gefühlen (emotionales Lernen):

Jeder Mensch lernt als Kind bestimmte Gefühle und erlernt auch bestimmte körperliche Reaktionen als Ausdruck für diese Gefühle. Neugeborene haben zwei Reaktionsweisen, um ihre Gefühle auszudrücken: Durch Ruhe, wenn sie sich wohl fühlen und durch Erregung, wenn sie sich unwohl fühlen. Der Säugling beginnt dann ziemlich bald, auch Furcht und Ärger so auszudrücken, dass sie voneinander unterschieden werden können. Ab etwa einem Monat hat das Kind drei elementare Gefühle: Freude, Wut und Angst. Mit etwa einem Jahr lernen die meisten Kinder noch ein viertes Grundgefühl: die Trauer. In der Transaktionsanalyse werden diese vier Gefühle **Grund- oder Basisgefühle** genannt.

In einer für uns negativ erlebten Situation verbinden wir mit dem entsprechenden Erlebnis ein für uns „beklemmendes" Gefühl. Bei der Wiederholung einer ähnlichen Situation spüren wir wieder dieses Gefühl. Die Situation ist „emotional besetzt".

Eine Möglichkeit, negativ erlebte/gelernte Gefühle zu überwinden, besteht darin, ähnliche Situationen zu erleben, ohne dass dabei die schlimm empfundenen Begleitumstände eintreten.

Beispiel:
Ein Kind ist zu Hause von der Schaukel gefallen und hat sich dabei verletzt. Jetzt ist es vorsichtig im Umgang mit der Schaukel geworden, es hat Angst, wieder herunterzufallen. Wenn die Erzieherin von diesem Ereignis weiß, kann sie das Kind ermutigen, sich behutsam auf die Schaukel zu setzen und mit ihrer Unterstützung einen erneuten Versuch zu wagen. Wichtig ist, dass das Kind mit seinem ursprünglichen Gefühl ernst- und angenommen wird. Dann kann es sich auch trauen, eine neue Erfahrung auszuprobieren.

Bei dem emotionalen Lernen unterscheidet man **echte, authentische** Gefühle von so genannten „**Ersatzgefühlen**", welche die echten Gefühle verdecken oder überlagern. Für die persönliche Entwicklung eines Menschen ist es wichtig, sich der echten Gefühle bewusst zu sein, denn sie sind genaue Anzeichen der inneren Befindlichkeit und geben Aufschluss auf die zu befriedigenden Bedürfnisse.

Dieser Aspekt des emotionalen Lernens bildet einen thematischen Schwerpunkt des Buches und wird daher im nachfolgenden Kapitel noch detaillierter ausgeführt.

Manfred Spitzer hat in seinem Buch "Lernen" auf die Bedeutsamkeit der als positiv erlebten Gefühle bei Lernprozessen hingewiesen:

„Wir konnten nachweisen, dass der emotionale Kontext, in dem die Einspeicherung der Wörter geschieht, einen modulierenden Einfluss auf die spätere Erinnerungsleistung hat. So wurden diejenigen Wörter am besten erinnert, die in einem positiven emotionalen Kontext eingespeichert wurden." („Lernen", S. 165/166).

Lernen am Modell (Imitationslernen)

Das Lernen am Modell ist im Kindergarten und auch im Familienalltag gut beobachtbar. Kinder spielen Rollenspiele und imitieren dabei Vater, Mutter oder auch ihre Erzieherin. Ein bestimmtes Verhalten, der Tonfall der Stimme, Mimik, Gestik werden nachgeahmt.

Kinder lernen also von uns, sie übernehmen in der Regel auch Teile unsere Wertvorstellungen, Meinungen und die Art, wie wir unsere Gedanken äußern. In einigen Fällen, spätestens jedoch in der Pubertät kehren sie die Nachahmung um und verhalten sich dann genau entgegengesetzt zu ihren Bezugspersonen.

Wenn meine Kollegin sich auf den Bauteppich setzt, die Kiste mit Legosteinen auskippt und anfängt, ein Haus zu bauen, ist sie in kürzester Zeit von Kindern umringt, die mit ihr gemeinsam bauen wollen. Ihr kreatives Tun wird von den Kindern als Modell-Impuls aufgenommen,

sich selbst kreativ zu betätigen. Im gemeinsamen Spiel erleben die Kinder ein wertschätzendes miteinander Umgehen: Alle dürfen mitspielen. Entstehende Konflikte werden gemeinsam geklärt. Wir nehmen uns Zeit füreinander.

In dem nächsten Kapitel werde ich nun persönlichkeitsfördernde Konzepte aus der Transaktionsanalyse vorstellen, welche die Basis für emotionales Lernen, oder in TA-Sprache die Entwicklung von emotionaler Kompetenz bilden.

Die Konzepte werden von mir vorgelebt (Lernen am Modell) und es geschieht neben dem emotionalen Lernen auch Lernen durch Verstärkung.

2 - Stärkung einer beziehungs- und wachstumsfördernden Atmosphäre als Grundlage für die Entwicklung der Persönlichkeit

2.1 Respektvolle Grundeinstellung

Nach Eric Berne gibt es vier Grundeinstellungen bzw. -positionen, die Menschen im täglichen Leben und im Kontakt miteinander einnehmen.

Er geht davon aus, dass Menschen mit einer ++ Grundposition *„Ich bin o.k. – du bist o.k."* auf die Welt kommen. Verschiedene Erfahrungen in der Beziehung mit sich und der Umwelt können dazu führen, dass Menschen diese Grundposition verlassen und eine andere Position einnehmen: *„Ich bin o.k – du bist nicht o.k"* (+-), *„ich bin nicht o.k. – du bist o.k."* (-+), *„ich bin nicht o.k. – du bist nicht o.k."* (--). Karin Baumgartner, eine Transaktionsanalytikerin aus der Schweiz, hat hierzu speziell für die Arbeit mit Kindern vier Bildtafeln gemalt:

Die 4 Grundpositionen

aus der Bildermappe von Karin Baumgartner

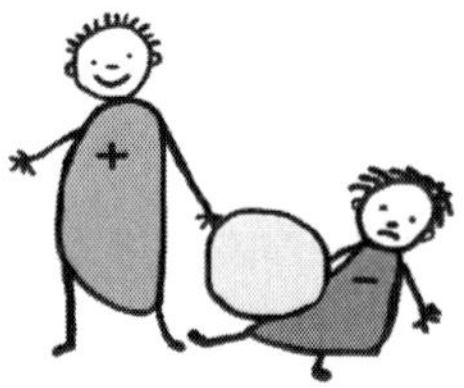

Ich bin o.k. - Du bist nicht o.k.

Ich bin o.k. - Du bist o.k.

Ich bin nicht o.k. - Du bist nicht o.k.

Ich bin nicht o.k. - Du bist o.k.

„Wenn Kinder einmal begonnen haben, zu denken und eigenständige Individuen zu werden, entscheiden sie sich für eine Grundposition im Blick auf ihr OK-Sein in Beziehung zu anderen Menschen." (Babcock/Keepers in „Miteinander wachsen", S. 147/148)

Eric Berne vertritt die Auffassung, dass sich ein Kind im Alter von etwa drei Jahren (aufgrund seiner Erfahrungen im Kontakt mit Bezugspersonen und dem Umfeld) schwerpunktmäßig für eine der genannten Grundeinstellungen entscheidet und darauf sein Bild über sich und die Welt weiter entwickelt.

Kinder lernen „Ich bin o.k – du bist o.k." beispielsweise in einer Familie, die viel Raum und Bewegungsfreiheit bietet. Sie bekommen gleichviel positive bedingte und bedingungslose Zuwendung und erhalten negative Zuwendung, wenn sie ihre Fähigkeit zu denken ausschalten oder wenn sie andere Menschen missachten.

Kinder lernen „Ich bin o.k. – du bist nicht o.k.", wenn sie mit lieblosen und misshandelnden Eltern zusammenleben. Sie lernen, die Erwachsenen zu vermeiden und sich selbst Zuwendung zu geben, bis sie so zuwendungshungrig sind, dass sie Misshandlungen besser finden als gar nichts.

Kinder lernen „Ich bin nicht o.k. – du bist o.k." in einer Familie mit einer Unmenge von schönen, zerbrechlichen Dingen, die man nicht anfassen darf (Dinge sind wichtiger als meine Bedürfnisse). Sie lernen die Nicht - o.k. – Position auch, wenn sie vor allem negativ bedingtes oder bedingungsloses Streicheln bekommen. Kinder, die nur dann vor allem positive Zuwendung bekommen, wenn sie krank oder unglücklich sind, lernen ebenfalls diese Nicht o.k. – Position.

Kinder lernen „Ich bin nicht o.k.- du bist nicht o.k.", wenn sie in einer Atmosphäre der Hoffnungslosigkeit und Ablehnung leben und ihre Umgebung unabsehbar oder absehbar unbefriedigend ist. Ihre Bedürfnisse werden unzureichend befriedigt und sie erleben selten einen Erfolg. (a.a.O., S. 129)

Mit den Bildtafeln der Grundpositionen von Karin Baumgartner können die Kinder motiviert werden, ihre augenblicklich bevorzugte Position verbal oder nonverbal zu zeigen. (Eine ausführlichere Beschreibung erfolgt bei der Darstellung praktischer Beispiele unter 2.4; auf die verschiedenen Formen von Zuwendung werde ich unter 2.2.4 näher eingehen).

Es wäre eine Illusion zu denken, dass ein Mensch ständig in der ++Grundeinstellung leben kann. In Konfliktsituationen „rutschen" wir meist in unsere – aus der Kindheit vertrauten – „Lieblingsposition".

In der pädagogischen Arbeit ist es entwicklungs- und lernfördernd, den Kindern in Gesprächen und mit Unterstützung von Bilderbüchern, Liedern etc. zu vermitteln, dass sie von ihrem Wesen her in Ordnung sind. Die gegenseitige Wertschätzung auf der ++Grundposition bildet eine konstruktive zwischenmenschliche Basis im Umgang mit den Kindern, Eltern, den Kolleginnen und Kollegen. Hierbei sind die im Gruppen- oder Klassenraum an der Wand befestigten Bildtafeln der vier Grundpositionen von Karin Baumgartner für Kinder und Erwachsene eine wirksame Unterstützungsmöglichkeit. Sie weisen im Alltag bildlich darauf hin, „wie wir miteinander umgehen wollen".

Bei dem Lernen durch Bestrafen gibt es eine Tendenz, dem Kind gegenüber aus einer *„ich bin o.k. – du bist nicht o.k."* Haltung zu reagieren. Daher halte ich es für pädagogisch sinnvoll, sich mit dem Kind über die Beweggründe seines Verhaltens auszutauschen.

Gerade im Kontakt mit verhaltensauffälligen Kindern oder bei schwierigen Elterngesprächen ist es besonderes wichtig darauf zu achten, das Verhalten von der Gesamtpersönlichkeit zu trennen. Aus dieser ressourcenorientierten und wertschätzenden Sichtweise heraus sollte ein auffälliges Verhalten nicht gleich in „Symptom-Schubladen" wie z.B. „hyperaktiv" oder „entwicklungsverzögert" eingeordnet werden. Hilfreicher ist es, über mögliche Ursachen des jeweiligen Verhaltens nachzudenken und sich gegebenenfalls beratende Unterstützung von außerhalb zu holen. In Finnland ist diese wertschätzende Grundhaltung schon vor geraumer Zeit als ein entwicklungs- und somit auch lernförderndes Basiskonzept in die pädagogische Arbeit mit einbezogen worden.

Thomas Gordon schreibt in seinem Buch „Familienkonferenz" von der „Sprache der Annahme":

„Wenn ein Mensch imstande ist, einem anderen gegenüber echte Annahme zu empfinden und sie ihn spüren zu lassen, besitzt er die Fähigkeit, dem anderen ein mächtiger Helfer zu sein. Seine Annahme des anderen, so wie er ist, stellt einen wichtigen Faktor in der Pflege einer Beziehung dar, in der andere Mensch wachsen, sich entfalten konstruktive Veränderungen durchmachen, seine Probleme lösen lernen, sich psychologischer Gesundheit nähern, produktiver und schöpferischer werden und seine ganzen Möglichkeiten verwirklichen kann."
(Familienkonferenz, S. 38)

Was für den Umgang mit Kindern gilt, das gilt natürlich auch für uns selbst. Ich lade Sie ein, einen Moment inne zu halten und nachzuspüren:

- Wie gehe ich mit mir um?
- Bringe ich mir selbst Wertschätzung entgegen?
- Wie geht es mir bei entstehenden Konflikten? In welche der vier Grundpositionen „rutsche" ich dann am ehesten?
- Welche Position ist mir, vielleicht seit meiner Kindheit, irgendwie vertraut?
- Wie oft gelingt es mir, in Konflikten die eigene Person und mein Gegenüber noch als Gesamtperson wertzuschätzen, die Sein- von der Verhaltensebene zu trennen?

Nach dieser kleinen Reflexion möchte ich ein weiteres, die Entwicklung förderndes Basiskonzept für die erzieherische und pädagogische Arbeit mit Kindern beschreiben.

2.2 Die drei psychologischen Grundbedürfnisse nach Stimulus, Struktur und Anerkennung

Eric Berne geht davon aus, dass jeder Mensch neben den physischen auch psychische Grundbedürfnisse hat. Um ihre Wichtigkeit für das Überleben deutlich zu machen, bezeichnet er sie auch als verschiedene Arten von „Hunger". Er unterscheidet dabei drei Gruppen von Grundbedürfnissen bzw. „Hunger", die durch die Säuglingsforschung in ihrer Bedeutung bestätigt wurden:

- **Stimulushunger** (Bedürfnis nach seelischer und körperlicher Stimulation bzw. Reizen)
- **Strukturhunger** (Bedürfnis nach klarer Struktur und Sicherheit)
- **Anerkennungshunger** (Bedürfnis nach Wahrgenommen und Gesehen werden durch andere)

2.2.1 Grundbedürfnis nach Stimulation

Für eine gesunde Entwicklung braucht der Mensch eine ausgewogene Mischung von körperlicher und seelischer Stimulation. Diese beginnt schon im Säuglingsalter. Das Kind macht Lernerfahrungen über äußere Sinnesreize. Anregung und Spannung können Lernprozesse fördern und dabei einen gesunden Stress erzeugen. In der heutigen Zeit erhalten Kinder (und Erwachsene!) zu viele einseitige Reize von außen, (Reizüberflutung durch die ständige Werbung im Fernsehen, vielfältige Geräusche, wie z.B. die Musik im Kaufhaus). Die visuellen und auditiven Reize sind in unserer Gesellschaft stark ausgeprägt, während sich die Nutzung der anderen Sinne in zunehmendem Maße reduziert.

Die Sinnesreize legen bei Neugeborenen und Säuglingen ein grobes „Grundmuster", welches im Kleinkind- und Kindergartenalter verfeinert und vertieft wird. Für eine gesunde körperliche und seelische Entwicklung der Kinder ist es daher wichtig, im pädagogischen Alltag ganz bewusst auf eine ausgewogene Stimulierung der fünf Sinnesorgane zu achten.

Die wichtigsten Arten der Stimulierung sind:

Taktile Sinnesreize, Berührung	Streicheln, Kraulen, Massieren, Temperatur fühlen, z.B. kaltes Wasser, Sauna, Sonne und Wind.
Hören	Musik (die allerdings auch die Körperwahrnehmung betreffen kann), Geräusche, Wasserfall, Blätterrascheln
Sehen	Bewegte Bilder (äußere und innere Bilder), Farben, Formen
Riechen und Schmecken	haben eine enge Verknüpfung, da wir Nahrung über Geschmack (Zunge) und über den Geruchssinn aufnehmen; Duftstoffe, Parfum, Kräuter, Gewürze.

(vgl. dazu „Transaktionsanalyse", Gudrun Hennig & Georg Pelz, S. 70).

Die Gehirnforschung sieht in der ausgewogenen Stimulierung der Sinne eine wichtige Bedeutung für das Lernen.

„Nur dadurch, dass ich Wasser anfasse, kann ich lernen, was es heißt, dass Wasser nass ist. Zugleich höre ich es glucksen oder tropfen, sehe ich Wellen und Reflexe, rieche vielleicht das Meer oder das Gras am Seeufer und erhalte so einen Gesamteindruck, der in mir – zusammen mit vielen anderen solcher Erfahrungen – zu einer komplexen und differenzierten Repräsentation von Wasser führen wird. Wenn ich diese innere Repräsentation (noch) nicht habe, kann ich auch die bunten Bilder und schrillen Töne aus dem Computer gar nicht verstehen. Die bereits stattgefundene Wechselwirkung mit der wirklichen Realität ist also Voraussetzung dafür, dass ich mit der virtuellen Realität des Computers auch nur im Ansatz umgehen kann."
(Prof. Manfred Spitzer in seinem Buch „Lernen", S. 225)

An dieser Stelle möchte ich eine kurze persönliche Stellungnahme zu Computern und anderen diversen Bildungsangeboten im Kindergarten abgeben.

Die Ergebnisse der Gehirnforschung zeigen, dass bei Kindern im Kindergartenalter eine hohe Lernbereitschaft besteht. In dieser Zeit wird im Gehirn durch äußere Impulse oder Anreize eine hohe Vernetzung der Neuronen unterstützt. Fehlen diese Reize, so kann keine Verknüpfung stattfinden. In den späteren Lebensjahren reduziert sich dieser Prozess im kindlichen Gehirn. Hinzu kommt, dass Kinder in dieser Entwicklungsphase von Natur aus neugierig, wissbegierig und begeisterungsfähig sind.

Diese Erkenntnisse haben dazu beigetragen, dass im Elementarbereich ein neuer pädagogischer Schwerpunkt gesetzt wurde. Den Kindern soll ein möglichst breitgefächertes Angebot als Stimuli zur Verfügung gestellt werden. Neben der Erkundung der Buchstaben und Zahlen gibt es erste Computer-Lernspiele und Chemie-Experimente. Natürlich passt dieses Programm zu unserer heutigen schnelllebigen, von Reizen überfluteten Gesellschaft. Es spiegelt den Trend, in kürzester Zeit möglichst viel zu konsumieren und dem ständigen gesellschaftlichen Wettbewerb, der sich durch alle Lebensbereiche zieht, standzuhalten. Meines Erachtens trägt diese Entwicklung weniger zu einer effektiven Förderung und Entfaltung der Persönlichkeit unserer Kinder bei.

Ich teile die These der Naturpädagogik, dass ein normal entwickeltes, neugieriges Kind auch ohne diese verstärkte „Programm-Vielfalt" ausreichend „gebildet" wird. Kinder brauchen einen ganzheitlich orientierten Ansatz, bei welchem die Stimulation aller Sinne miteinbezogen wird, statt einer einseitigen Beeinflussung der Sinne durch eine visuelle und auditive Überreizung.

Dies möchte ich an einem kleinen Beispiel verdeutlichen, welches ich im Sommer 2007 in einer Familie erlebt habe:

Der vierjährige Markus geht mit seiner sechsjährigen Schwester Theresa und seinem Onkel im Wald spazieren. Etwas abseits vom Weg finden sie einen Tierschädel. Markus betrachtet den Schädel mit großem Interesse. Von welchem Tier er wohl stammt? Die Zähne sind jedenfalls noch gut zu erkennen. Sein Onkel vermutet, dass der Knochen von einem Wildschwein stammt. Die Knochen von den Hausschweinen sehen nämlich ähnlich aus. Jetzt fallen Markus die Dinosaurier ein. Von ihnen gibt es leider nur noch die Knochen zu sehen. Für Theresa sind die Knochen weniger interessant. Doch die Walderdbeeren, die sie etwas später finden, würde sie gerne sofort essen.

„Im Wald kann man Erdbeeren essen, die kosten gar nichts", stellt Markus fest. „Und sie riechen sehr lecker!"

„Doch wegen dem Fuchsbandwurm ist es klüger, sie erst einmal zu Hause zu waschen!", erklärt ihnen ihr Onkel.

Zu Hause möchte Markus noch mehr über Dinosaurier wissen.

Dafür gibt es kindgerecht gestaltete Sachbücher. Als ich zu Besuch komme, hat er bereits einiges an Wissen über die verschiedenen Arten angesammelt und mit der Unterstützung seines Onkels einen Dinosaurier aus Holz gebastelt.

Eine reichhaltige Vernetzungskultur im Wahrnehmungsbereich fördert das Körperbewusstsein und gleichzeitig auch die neuronale Verbindung im Gehirn.

Nach wie vor gehört eine gute Körperkoordination zur Schulreife. So fördern z.B. Waldkindergärten mit ihrer körperorientierten Struktur in einer effektiven Weise das ganzheitliche Lernen.

Wissenschaftlich erwiesen ist, dass auch der Geruchssinn eine Verbindung zu dem lymbischen System (zu unseren Gefühlen) hat. Gleichfalls besitzt er eine Verbindung zu den Bereichen im Gehirn, die unser Erinnerungs- und Lernvermögen bestimmen.

Bruno Walter weist in seinem Buch „Harmonische Kindermassage" ebenfalls auf die positive Wirkung der Sinnesreize auf das Gehirn hin. Er beschäftigt sich eingehend mit der taktilen Sinnesförderung in Form von Berührung (Massage), dem Riechen durch die (achtsame) Nutzung von spezifischen ätherischen Ölen, der Stimulierung des Hörens durch ausgewählte (klassische) Musik und der visuellen Stimulierung durch die Beschäftigung mit der Wirksamkeit von Farben.

„Inzwischen hat uns auch die Wissenschaft bestätigt: Bestimmte akustische Reize wirken heilend auf das Gehirn und das gesamte Nervensystem. Sogar die Zellen der Großhirnrinde können sich durch bestimmte akustische Signale regenerieren! Wie bei allen Sinnesreizen werden auch bei Klängen und Musik neue Gehirnverknüpfungen angelegt und somit Strukturen im Gehirn erweitert.

Je weiter sich diese Verknüpfungen verfeinern, um so mehr ist ein Mensch in der Lage, seine eigene Persönlichkeit zu entfalten und seine ganz individuellen Anlagebedingungen auch praktisch umzusetzen. (Bruno Walter in „Harmonische Kindermassage", S. 43/44).

Der Einsatz von Klangschalen im Kindergarten, das Singen von Liedern im Stuhlkreis, das Experimentieren mit Musikinstrumenten sind demzufolge wichtige Sinneserfahrungen (und gleichzeitig Bildungsprozesse) im pädagogischen Alltag und sollten daher nach wie vor auch ein fester Bestandteil im Tagesablauf sein.

Eine weitere Methode, der einseitigen Sinnesreizung entgegenzuwirken, ist die Gestaltung von **Mandalas** (gestaltete Muster in Kreisform). Hierbei geht es weniger um das perfekte Ausmalen oder Legen der Muster, sondern darum, innerlich zur Ruhe zu finden, sich konzentriert einer Tätigkeit hinzugeben, bei sich selbst anzukommen, die eigene Fantasie und Kreativität anzuregen.

„Mandalas haben auf uns Menschen eine heilsame Wirkung, sie beruhigen, entspannen und klären. Dabei spielt es keine Rolle, ob es sich um junge oder alte Menschen handelt, ob sie etwas von Mandalas wissen oder nicht." (Gisela Preuschoff in ihrem Buch „Kinder mit Mandalas zur Stille führen", S. 12)

Im Kindergarten biete ich in einer Kleingruppe in regelmäßigen Abständen Mandalas zum Ausmalen an. Meist begleitet uns während dem Malen im Hintergrund eine Entspannungsmusik.

In Familien könnte z.B. ein gemeinsames Ausmalen von Mandalas ein wöchentliches Entspannungsritual werden. Hierbei gibt es verschiedene Möglichkeiten. Entweder gemeinsam ein Mandala ausmalen oder unterschiedliche Muster wählen.

„Mandalas kann man aber nicht nur malen. Es gilt, sie zu entdecken, achtsam zu betrachten, zu legen, zu sticken zu nähen oder mit dem eigenen Körper zu gestalten. Hieraus ergeben sich eine Fülle von Möglichkeiten, die letztendlich alle dazu dienen, unserer Sehnsucht nach Ganzheit ein Stück näher zu kommen." (a.a.O. S. 12/13ff)

Mit einem mittelgroßen Teller als Vorlage können die Kinder auch eigene fantasievolle Mandala-Muster entwerfen. Auf runden Holzscheiben können Mandalas aus Naturmaterialien, (Kastanien, Eicheln, Kieselsteine, Muscheln, etc.) gelegt werden. Und dann gibt es noch die faszinierenden Muster im Sand, wie sie traditionell von den tibetischen Mönchen gezeichnet werden.

Mandalas werden immer von einem Kreis umschlossen. Ein Kreis ist rund, ein Symbol für Ganzheitlichkeit, Geborgenheit und Akzeptanz. Im Kreis ist keiner ausgeschlossen. Indem wir Kreisbilder legen, malen oder uns tanzend zu einem Kreis zusammenzuschließen, können wir auch innerlich oder äußerlich die wertschätzende ++ Grundhaltung erfahren.

Körperwahrnehmungsübungen und **Rückenmassagespiele** sind ebenfalls ein entwicklungsfördernder, die Sinnesreize ausbalancierender Bestandteil der pädagogischen Arbeit mit Kindern. Zudem befriedigen sie das psychologische Grundbedürfnis nach Zuwendung und Beziehung, auf welches ich weiter unten noch näher eingehen werde.

Passende Buchtipps für die Integration von Körperwahrnehmungsspielen in den Tagesablauf finden Sie im Anhang des Buches. Unter 2.5 werden auch einige praktische Umsetzungsmöglichkeiten näher beschrieben.

2.2.2 Grundbedürfnis nach Struktur

Gleichbleibende Abläufe befriedigen den Strukturhunger und geben eine vorhersehbare Verlässlichkeit. Während es in der autoritären Pädagogik der fünfziger Jahre eher ein zuviel an Struktur gab, setzte die antiautoritäre Pädagogik der 70er Jahre meiner Meinung nach zu wenig Grenzen. Kinder jedoch brauchen klare, konstruktiv formulierte Grenzen. Sie bilden den Rahmen für Wachstum, geben Sicherheit und Halt und bieten gleichzeitig auch die nötige Reibungsfläche für das Austesten von Grenzen.

In seinem Buch „Grenzen, Nähe und Respekt" beschreibt der dänische Familientherapeut Jesper Juul verschiedene Aspekte von Grenzen und dass ein „Nein" auch eine liebevolle Antwort sein kann. Er ermutigt zu einem Reflektieren über die eigenen persönlichen Grenzen, unterscheidet zwischen gesunden und destruktiven Konflikten und zeigt auf, dass Konfrontation Nähe bedeutet. Pädagogik braucht einen reißfesten, roten Faden, besonders in der heutigen überstimulierten Zeit.

Auch er beschäftigt sich mit den verschiedenen Lerntypen und weist dabei auf das Lernen durch Verstärken und das Lernen am Modell hin:

„Eltern, Lehrer und Pädagogen genießen den Respekt ihrer Umwelt inzwischen weniger durch das, **was** *sie sind, als dadurch,* **wer** *sie sind. Kinder und Erwachsene haben den Respekt vor den Machthabern verloren, und wir bewegen uns langsam, aber sicher auf eine Zeit zu, in der das Maß an persönlicher Glaubwürdigkeit darüber entscheidet, wie viel Respekt uns entgegengebracht und wie viel Macht uns in privaten und pädagogischen Beziehungen zu Kindern und Jugendlichen zugestanden wird. (Jesper Juul in seinem Buch „Grenzen, Nähe und Respekt", S. 17).*

Vom Lernen durch Bestrafen hält Jesper Juul ebenfalls nicht viel.

„Die Alternative dazu beruht auf dreierlei: Auf Geduld, Wiederholungen und dem Willen, sich selbst und das Kind ernst zu nehmen." (S. 83)

An dieser Stelle zeigt sich wieder die Bedeutsamkeit einer sich gegenseitig wertschätzenden Grundhaltung.

Sich gegenseitig wertzuschätzen heißt auch zuweilen für Kinder (und Erwachsene), ein stimmiges, klares „Nein" zu akzeptieren. Das „Nein" bietet die nötige Reibungsfläche, durch die wiederum Wärme entstehen kann.

Regeln sollten mit den Kindern gemeinsam besprochen werden und sie sollten klar formuliert und überschaubar sein. Bei Bedarf können sie auch verändert werden. Wichtig ist jedoch hierbei die zugewandte und gleichzeitig konsequente Haltung der Bezugspersonen. Sie bestärkt deren Glaubwürdigkeit, bildet den schützenden Rahmen, das Halt gebende Geländer und bietet eine Werte-Orientierung für die Kinder. Bei allem Streben nach Freiheit, Gleichheit und individueller Entwicklung brauchen Kinder heutzutage mehr denn je pädagogische Bezugspersonen, die eine klare Linie vertreten. Nur so können Ängste und Unsicherheit aufgefangen und die notwendige Orientierung gegeben werden.

Dem Bedürfnis nach Struktur entspricht auch die Strukturierung des Tagesablaufes im Kindergarten: Freispielphase, gemeinsames Aufräumen, gemeinsames Bewegen an der frischen Luft und der Stuhlkreis am Ende des Vormittages.

Das Konzept der offenen Arbeitsweise in Kindergärten entspricht meiner Meinung nach weniger diesem Grundbedürfnis. Es entsteht eine Vielfalt von Reizen, welche gerade von jüngeren Kindern als Überstimulierung empfunden werden können. Einen geringeren Stellenwert hat hierbei auch das Grundbedürfnis der Kinder nach konstanter Beziehung.

Die Gestaltung von sinnstiftenden Ritualen befriedigt ebenfalls das Grundbedürfnis nach Struktur und hat somit einen bedeutsamen Stellenwert in der Pädagogik. Der Schweizer Psychoanalytiker C.G. Jung hat sich ausführlich mit der heilenden Wirkung von Ritualen beschäftigt. Gerade in der heutigen reizüberfluteten Zeit können Rituale seiner Meinung nach eine heilende Wirkung auf Menschen ausüben. Sie geben Halt und Sinn, schaffen Geborgenheit.

„Ohne Rituale wird das Leben leer und sinnlos. Alles ist nur noch banal. Es gibt nur noch Arbeit und Vergnügen, aber keinen tieferen Sinn. Rituale zeigen, dass unser Leben sinnvoll ist, ja dass es einen göttlichen Wert hat. Der Mensch braucht, um gesund zu bleiben, etwas, das größer ist als er selbst. Das kommt in den Ritualen zum Ausdruck." (Pater Anselm Grün in seinem Buch „Geborgenheit finden – Rituale feiern", S. 35)

Weiter schreibt er: *„Es geht nicht darum, immer neue Rituale zu entwickeln, sondern die alten Rituale so zu feiern und zu verstehen, dass sie für uns stimmen. Nur dann können sie uns innerlich erneuern und kultivieren, nur dann werden sie schöpferische Energie in uns freisetzen." (a.a.O. S.39/40ff)*

Im Kindergarten erleben die Kinder im Jahresablauf mehrere festliche Rituale. Der Wechsel der Jahreszeiten wird dabei bewusst wahrgenommen. Im Frühling können die ersten Schneeglöckchen begrüßt, Ostereier gesucht und die Entfaltung der Natur beobachtet werden. Im Sommer bietet sich verstärkt der Aufenthalt im Freien an. Bei Ausflügen und Picknicks kann beobachtet werden, was am Boden krabbelt und kriecht und auf den Wiesen oder am Wegrand blüht. Im Herbst fasziniert immer wieder die Verfärbung der Blätter und das Sammeln von reifen Früchten wie Kastanien, Nüssen oder Eicheln. Im grauen, ungemütlichen November beginnt die Zeit der Lichter und Kerzen. Es werden zuerst Laternen, später dann Weihnachtssterne gebastelt, Adventslieder gesungen und Plätzchen gebacken.

Dann gibt es noch die gemeinschaftlichen Lieder und Spiele im Stuhlkreis und die unterschiedlichen Geburtstagsrituale, bei welchen das einzelne Kind aus der Gruppe im Mittelpunkt steht.

„Rituale geben uns das Gefühl, dass unser Leben wertvoll ist, dass sich Menschen unseretwegen Gedanken machen und Zeit investieren, um das Zusammensein mit uns bewusst zu feiern. Das allein schenkt das Gefühl von Angenommen sein, Ernst genommen werden, von Würde und Reichtum des menschlichen Lebens." (a.a.O. S. 92ff.)

Rituale sind, gerade in der heutigen Zeit, ein wichtiger Bestandteil in der pädagogischen Arbeit mit Kindern und im Familienleben. Sie befriedigen neben dem Grundbedürfnis nach Struktur auch das Grundbedürfnis nach Anerkennung, Zuwendung, und Beziehung.

2.2.3 Grundbedürfnis nach Anerkennung

Beachtung und Anerkennung bilden zwei ganz wesentliche Merkmale des sozialen Kontaktes. Diese Grundbedürfnisse konnten früher durch das Vorhandensein von Großfamilien eher befriedigt werden. Heutzutage entstehen durch Individualismusstreben und Leistungsdenken eine Art von „Beziehungslosigkeit" und Zuwendungseinschränkungen in der Gesellschaft.

Richard Erskine, ein amerikanischer Transaktionsanalytiker, hat die Ausgewogenheit der drei Grundbedürfnisse für ein gesundes Persönlichkeitswachstum hervorgehoben. Wenn ein Grundbedürfnis nicht oder nur unzureichend befriedigt wird, steigt dafür der Hunger in einem anderen Grundbedürfnis. Das psychologische Grundbedürfnis nach Struktur und Zuwendung erhält in unserer Gesellschaft tendenziell weniger Beachtung, der Hunger nach Reizen, „Sensationen“ nimmt stetig zu. Das bedingt eine zunehmende Oberflächlichkeit in den Kontakten zwischen Menschen und einer visuellen und auditiven Reizüberflutung. Möglichst schnell, möglichst vielfältig möglichst sensationell. Die Werbung im Fernsehen zeigt uns genau dies auch jeden Abend. Der Hunger nach Struktur und Zuwendung wird „umgebaut“ in noch mehr Stimuli.

Die evangelische Theologin Dorothee Sölle hat dies in einem vielleicht etwas provokanten Gedicht treffend beschrieben:

„Die Ernährungsstörungen nehmen zu“

Eine Flasche Cola enthält mehr Zucker
als meine Großmutter im Monat zu sich nahm.
Die Übersättigung, unter der wir leiden,
wird aufgebaut, um den Hunger nach Speise umzubauen
in das Bedürfnis nach etwas besonderem.
Nicht hungrig und nicht satt
stecke ich etwa in mich hinein.

Eine Tageszeitung enthält mehr Halblügen,
als meine Großmutter im Monat zu sich nahm.
Die Übersättigung mit Unglück,
an dem wir eh nichts ändern können,
wird aufgebaut, um den Hunger nach Gerechtigkeit umzubauen
in das Bedürfnis nach etwas besonderem.
Nicht traurig und nicht erfreut
lese ich etwas in mich hinein.

Ein Satz aus dem Morgenprogramm enthält mehr Geschwätz,
als meine Großmutter im Monat zu sich nahm.
Die Übersättigung an einer Sprache, die nichts sagt,
wird aufgebaut, um die Teilnahme zugrunde zu richten
und unseren Wunsch, mit Worten jemanden zu berühren,
lächerlich zu machen.
Nicht ernst und nicht spielend
rede ich etwas aus mir heraus. (…)

Dorothee Sölle

Den Fokus auf eine wertschätzende Beziehungsebene und eine Halt gebende Struktur zu legen, sehe ich als einen bedeutsamen Aspekt in der Gestaltung der heutigen pädagogischen Arbeit mit Kindern. Wir können die Schnelllebigkeit, die Reizüberflutung in unserer Gesellschaft nicht ändern. Jedoch können wir Gegenpole setzen und für die Kinder einen ihre Entwicklung fördernden und die Beziehung stärkenden Ausgleich schaffen.

2.3 Gestaltung einer die Entwicklung fördernden Zuwendungskultur in Erziehung und pädagogischer Arbeit

Das Grundbedürfnis nach Anerkennung hat einen maßgeblichen Stellenwert im täglichen Umgang mit den Kindern, ihren Eltern und in der Teamarbeit. Claude Steiner, ein amerikanischer Psychotherapeut und lehrender Transaktionsanalytiker spricht in diesem Zusammenhang von dem Hunger eines jeden Menschen nach Zuwendung. Aufgrund von Beobachtungen in seinen Selbsterfahrungsgruppen hat er sich intensiv mit dieser Thematik befasst und sich eingehend mit der Gestaltung einer die Entwicklung fördernden Zuwendungskultur auseinandergesetzt. Die unterschiedlichen Arten von Zuwendung hat er in drei Grundformen zusammengefasst:

- **Bedingungslose und bedingte Zuwendung**
- **Positive und negative Zuwendung**
- **Verbale und nonverbale Zuwendung**

Bedingungslose Zuwendung ist an die Existenzebene, an das Dasein gerichtet. Positive bedingungslose Zuwendung bildet eine wichtige Grundlage für eine gute geistig-seelische und körperliche Entwicklung des Menschen. Die Erfahrung einer solchen Zuwendung ist an keine Gegenleistung gebunden, so wie sie Säuglinge üblicherweise in ihrer ersten Lebensphase bekommen. „Sie ist gleichbedeutend mit einer generellen Lebenserlaubnis nach dem Motto: „Schön, dass es dich gibt!" Durch diese Art der Zuwendung wird die + + Grundeinstellung „Du bist o.k. – Ich bin o.k." gefördert.

Positive Zuwendung ermutigt, baut auf, stärkt. Sie wird vom Empfänger in der Regel als wohltuend empfunden, ob sie nun verbal oder nonverbal an das Gegenüber gerichtet ist.

Eine verbale bedingungslose positive Zuwendung erfahren die Kinder, wenn sie am Morgen persönlich mit einem „Guten Morgen, Lena! Schön, dass du da bist!" begrüßt werden.

Nonverbale bedingungslose positive Zuwendungen sind: Anlächeln, Winken, durch Körperkontakte wie in den Arm nehmen, Streicheln, Halten, ebenso der liebevoll-fürsorgliche Klang der Stimme.

Für eine gesunde Entwicklung brauchen Kinder ausreichend Zuwendung dieser Art von ihren nächsten Bezugspersonen. Und auch uns Erwachsenen tut diese Zuwendungsform im Umgang miteinander gut! Erwachsene ersetzen die körperliche Ausdrucksform von bedingungsloser Zuwendung eher durch symbolische Gesten und sprachliche Ausdrucksformen. Natürlich ist es im beruflichen Umfeld sinnvoll, auf eine angemessene Ausdrucksform zu achten. Gleichzeitig bereichert das Geben und Nehmen von bedingungsloser positiver Zuwendung unsere zwischenmenschlichen Kontakte und schafft eine angenehme und motivierende Arbeitsatmosphäre. Diese Aussage wird u.a. in folgenden Sprichwörtern deutlich:

„Wer gemeinsam lacht, kann sich gut verständigen"

„Ein Lächeln, eine Berührung sagt mehr als viele Worte"

Der Umgang mit bedingungsloser/bedingter Zuwendung ist auch kulturell geprägt. In südlicheren Ländern, wie z.B. Italien oder in der Türkei, erhalten Kinder tendenziell mehr bedingungslose positive Zuwendung. Den Kindern wird vermittelt: Es ist schön, dass du da bist! Es ist schön, dass es dich gibt! Das Erbringen von Leistungen ist in den ersten Lebensjahren weniger wichtig, ebenso das Grundbedürfnis nach Struktur in Form von Grenzen setzen.

In den **Rückenmassagespielen, speziellen Bilderbüchern und Liedern** (siehe Anhang) können die Kinder bedingungslose positive Zuwendung in der Form des Nehmens und Gebens für sich erfahren. Gerade bei Rückenmassagespielen üben die Kinder das achtsame miteinander Umgehen und lernen, sich körperlich besser wahrzunehmen. Bruno Walter schreibt dazu:

„Ich gehe sogar so weit zu behaupten, dass Kinder, die die Erfahrung der gegenseitigen Massage selbst gemacht haben, ihr Leben lang ein feines Gespür für andere Menschen haben und einen sensibleren Umgang mit ihren Mitmenschen pflegen werden." (Harmonische Kindermassage, S. 122)

Ein Beispiel für ein Begrüßungslied am Morgen mit bedingungsloser positiver Zuwendung:

Ich sag dir guten Morgen,
und lach dir freundlich zu,
dann sagst du guten Morgen,
genau wie ich es tu,
genau wie ich es tu.

In den anschließenden Strophen heißt es dann:

Ich sag dir guten Morgen
2. und nicke noch dazu ...
3. und winke noch dazu ...
4. und klatsche noch dazu ....
5. und streichle dich dazu ...
6. und drücke dich dazu ...

Text: Rolf Krenzer, Musik: Siegfried Fietz

In dem Geburtstagslied von Rolf Zuckowski heißt es: *„Wie schön, dass du geboren bist, wir hätten dich sonst sehr vermisst!"*

Bedingte positive Zuwendung ist an Fähigkeiten, Verhaltensweisen oder Aussehen gerichtet und wird in verbaler Ausdrucksform an die entsprechende Person gerichtet.

Beispiele: „Heute hast du ganz toll aufgeräumt!" – „Dein gemaltes Bild gefällt mir sehr gut!" – „Dieses Lied habt ihr schnell gelernt, ihr könnt wirklich gut singen!"

Diese Form von Zuwendung bezieht sich also auf bestimmte Eigenschaften, Fähigkeiten, besondere Leistungen. Sie fördert damit soziale Anpassung und die Motivation, etwas zu leisten.

„Das Spektrum dieser Zuwendungsart ist außerordentlich weit. Es reicht von kraftvollen und überzeugenden Rückmeldungen (‚Es ist ganz toll, wie du aussiehst, das und das machen kannst, machst, etc.') bis zu sehr ausgedünnten Formen, in denen das positive Element schon fast ‚mit der Lupe' zu suchen ist (‚Das war eine akzeptable Leistung.' oder ‚... gar nicht soo schlecht!')"
(Gührs und Nowak in „Das konstruktive Gespräch", S. 71)

Kinder und Erwachsene brauchen für ihr Persönlichkeitswachstum und für gelingende Lernprozesse auch ein ausreichendes Maß an positiv bedingter Zuwendung. Ein Lob für eine gelungene Arbeit motiviert, die erbrachte Leistung wird so positiv verstärkt. Jedoch ist dabei zu beachten, dass eine positiv bedingte Zuwendung aus einer ++ Grundhaltung heraus in einer wertschätzenden, authentischen Weise gegeben wird. Gerade Kinder spüren sehr deutlich, ob die gegebene Zuwendung wirklich „von Herzen" kommt und ernst gemeint ist. In der Transaktionsanalyse wird unechte Zuwendung daher auch als „Plastik-Stroke" bezeichnet.

Nach meiner Beobachtung gibt es in der deutschen Kultur tendenziell mehr Zuwendung für erbrachte Leistung als für die Existenz eines Menschen. Schon in der frühen Kindheit vergleichen Mütter die Leistungen ihrer Kinder: „Unser Jonas kann schon krabbeln. Und er versucht auch schon, alleine mit dem Löffel zu essen." Im Kindergarten werden gemalte Bilder verglichen oder andere Fähigkeiten, in der Schule sind es dann die Noten.

Bedingte negative Zuwendung bezieht sich ebenfalls auf bestimmte Eigenschaften oder Verhaltensweisen. Durch diese Art von Zuwendung erhält das Gegenüber auch Aufmerksamkeit und Beachtung. Meist wird negativ bedingte Zuwendung in Konfliktsituationen oder bei Regelverstößen angewandt. Wichtig ist hierbei, das störende Verhalten klar zu benennen, ohne die gesamte Person dabei abzuwerten. Für eine konstruktive Kritik ist es sinnvoll, die so genannten „Ich-Botschaften" zu nutzen:

„Ich ärgere mich darüber, dass ihr nicht aufgeräumt habt."

„Ich möchte, dass du jetzt sitzen bleibst und dein Bild fertig malst."

Bei der Anwendung von „Du-Botschaften" wird eher die Grundeinstellung *„Ich bin o.k. – Du bist nicht o.k."* gefördert, (du bist nicht in Ordnung, da du dich nicht ... so und so verhalten hast).

„Du hast (wieder mal) nicht aufgeräumt!"

„Du bleibst jetzt sitzen und malst dein Bild fertig"

Verbale negativ bedingte Zuwendung hat auch etwas mit dem Grundbedürfnis nach Struktur zu tun. Sie bildet für Kinder (und Erwachsene) einen überschaubaren, sicheren Rahmen und ist somit ein wichtiger Bestandteil bei Konfliktklärungen und Absprachen von Regeln. Sie gibt dem Kind/Erwachsenen eine oftmals wichtige Rückmeldung über eine nicht akzeptable Verhaltensweise.

Bedingungslose negative Zuwendung, wie z.B. „Du bist ein unmögliches Kind", „Du nervst mich heute", sollte im Kontakt mit Kindern und Erwachsenen vermieden werden, da sie die ganze Person herabsetzt und als abwertend und schmerzhaft erlebt wird. Das gleiche gilt für nonverbale negative Zuwendung, wie z.B.: Ignorieren der Person, lieblose Berührungen, verachtende Blicke. Kinder deuten nach meinen Beobachtungen solches Verhalten häufig als Liebesentzug und gehen dann in die Anpassung oder Rebellion.

Einige Menschen entwickeln auf der Grundlage ihrer Kindheitserfahrungen einen so genannten **persönlichen Zuwendungsfilter**. Die gegebene Zuwendung wird unbewusst „gefiltert", das heißt so abgewertet oder umgewandelt, dass sie zu den einschränkenden Erlebnissen aus der Kindheit und den daraus entwickelten Glaubenssätzen über sich und die Welt passt. Dabei verliert die gegebene Zuwendung an Intensität und Qualität, zuweilen wird sie ganz und gar ausgeblendet.

Erzieher: „Ich finde es toll, wie weit du schon mit deinem Webrahmen bist."

Thomas: „Ich bin doch noch gar nicht so weit gekommen. Der Max ist schon viel weiter!"

Chefin: „Ihre neue Frisur steht ihnen wirklich gut!"

Angestellte: „Ich weiß nicht so recht. Irgendwie liegen die Haare nicht so richtig ..."

Manche Kinder (und auch Erwachsene) sammeln bevorzugt positiv bedinge Zuwendung für ihr Verhalten oder bestimmte Tätigkeiten. Sie haben oftmals eine starke Tendenz, ihren Selbstwert über erbrachte Leistung zu definieren, gemäß dem Spruch: „Leiste was, dann bist du was!" Positiv bedingungslose Zuwendung anzunehmen, fällt ihnen folglich schwer.

Persönliche Erfahrungen aus dem eigenen Umfeld beeinflussen bei Kindern auch das Geben und Nehmen von nonverbaler, körperlicher Zuwendung. Es gibt einzelne Kinder, die anfangs bei den angebotenen Rückenmassagespielen nur zuschauen wollen. Körperliche Berührungen sind für diese Kinder eher ungewohnt und teilweise sogar beängstigend. Bisweilen ist dann eine achtsame Annäherung mit einem „Massageball" (Tennis- oder Igelball) möglich, da hierbei keine direkte Berührung des Körpers erfolgt.

„Wir haben immer wieder die Erfahrung gemacht, dass gerade Kinder, die zu erhöhter Gewaltanwendung neigen, anfangs größere Probleme mit der Berührung während der Massage hatten, diese sich dann aber schnell gelegt haben." Kinder, die massiert haben, neigen deutlich weniger zur Gewaltanwendung bei Auseinandersetzungen. Sie haben gelernt, bestimmte Bedürfnisse, die sie oft nur über körperliche Gewalt umsetzen konnten, in einer positiven Art

und Weise auszuleben." (Bruno Walter in „Harmonische Kindermassage," S. 122/123)

Wenn Kinder wenig positive Zuwendung in ihrem näheren Beziehungsumfeld bekommen, versuchen sie durch Verhaltensauffälligkeiten oder andere Symptome zumindest negative Zuwendung zu erhalten. (Besser negative Zuwendung, als gar keine Zuwendung/Beachtung).

„Wenn sich ein Mensch (… in seiner Kindheit) vor allem mit negativer Zuwendung zufrieden geben musste, wird er auch später solche erwarten. Wenn er diese negative Zuwendung nicht bekommt, wird er bemüht sein, solche hervorzurufen (zu provozieren)",
(Thomas Meier-Winter in Anwendung der Transaktionsanalyse, S. 204)

Mit der Zeit gewöhnen sich Kinder mit einem Mangel an positiver Zuwendung an bedingt negative, ja sogar an bedingungslos negative Zuwendung. Die innere Sehnsucht wird mit Drogenkonsum oder auffälligem Verhalten kompensiert. Manche Jugendliche schließen sich kriminellen Gruppierungen an, weil sie dort ein Zugehörigkeitsgefühl erhalten und sich wahrgenommen fühlen. In ihrem Lied „Schrei nach Liebe" beschreibt die deutsche Rockgruppe „Die Ärzte" ein solches Verhalten. Es handelt sich dabei um einen jungen Mann, der sich einer rechtsextremen Gruppe angeschlossen hat, um dort Zuwendung und Anerkennung zu erhalten, die er in seiner Familie vermisst.

„Warum hast du Angst vorm Streicheln,
was soll all der Terz?
Unterm Lorbeerkranz aus Eicheln
weiß ich, schlägt ein Herz

und Romantik ist für sich
nicht nur graue Theorie,
zwischen Störkraft und den Onkelz
steht ne Kuschelrock LP.

Deine Gewalt ist nur ein stummer Schrei nach Liebe,
deine Springerstiefel sehnen sich nach Zärtlichkeit,
du hast nie gelernt, dich zu artikulieren
und deine Eltern hatten niemals für dich Zeit.

Weil du Probleme hast, die keinen interessieren,
weil du Angst vor Schmusen hast,
bist du ein Faschist.
Du musst deinen Selbsthass nicht auf andere projizieren,
damit keiner merkt, was für ein lieber Kerl du bist."

(„Schrei nach Liebe", 1993, erfolgreiche Single-Auskopplung gegen Rechtsextremismus, aus dem Album „Die Bestie in Menschengestalt")

Fortlaufende Zuwendungsdefizite produzieren letztendlich ein Ersatzverhalten, welches sich u.a. in Form von Gewalt zeigen kann.

Eine sich gegenseitig wertschätzende, annehmende Atmosphäre hingegen bereitet den Boden für ein gesundes seelisches Wachstum. Unterstützt wird dieses Wachstum durch bedingungslose, die Existenz der Person bejahende Zuwendung. Sie ist der „Dünger" bzw. das „Gießwasser", welches das Wachstum fördert und schafft eine Atmosphäre der Offenheit und des Vertrauens.

Zu viel Dünger oder Gießwasser kann jedoch auch für das Wachstum einer Pflanze schädlich sein, eine ausgewogene Dosierung ist wichtig.

Ähnlich verhält es sich auch mit der Zuwendung. Manche Kinder erhalten zu Hause viel bedingungslose positive und bedingte positive Zuwendung. Sie haben gefestigte Wurzeln und ihr Wachstum wird durch konstruktive Kritik, (negativ bedingte – auf das Verhalten des Kindes bezogene – Zuwendung) gefördert. Stark leistungsorientierte Kinder brauchen ein „Gießwasser" mit einer anfangs kleineren, sorgfältig dosierten bedingungsloser Zuwendung.

So benötigt jedes Kind im Grunde eine spezielle, individuelle „Düngermischung" aus positiv bedingungsloser, positiv bedingter und negativ bedingter Zuwendung.

„Ein Gärtner wird, um Wachstum zu fördern, seine Pflanzen nicht recken und strecken und vielleicht sogar aus dem Boden reißen. Er wird sie vielmehr genau beobachten und nach seinen Möglichkeiten für optimale Wachstumsbedingungen sorgen." (Gührs und Nowak in „Das konstruktive Gespräch," S. 226)

2.3.1 Das Zuwendungsprofil

Neben den vier beschriebenen Zuwendungsarten gibt es noch eine so genannte „Mischform." Dies bedeutet eine Mischung von positiver und negativer Zuwendung, welche eine verrückt machende Wirkung auf das Gegenüber hat und somit letztendlich entwicklungshemmend oder sogar schädigend wirkt. („Zuckerbrot und Peitsche")

„Dein gemaltes Bild ist wirklich schön. Wenn du doch nur öfters solche Bilder malen würdest."

„Jetzt trödle hier nicht so herum und häng deine Jacke endlich mal ordentlich auf! Und dann gibst du mir noch einen Abschiedskuss!"

An dieser Stelle möchte ich Sie nun wieder zu einer kleinen Selbstreflexion über ihren persönlichen Umgang mit Zuwendung einladen. Anhand eines so genannten „Zuwendungsprofils" können Sie für sich selbst einmal reflektieren, wie Sie Ihren persönlichen Zuwendungshaushalt in Bezug auf Geben und Nehmen der verschiedenen Zuwendungsarten einschätzen. Hierzu wird ein Säulendiagramm aufgemalt. Die einzelnen Säulen stellen die verschiedenen Arten von Zuwendung dar. Das Geben und Nehmen von Zuwendung kann nun unter folgenden unterschiedlichen Gesichtspunkten betrachtet werden.

Zuwendungsprofil:

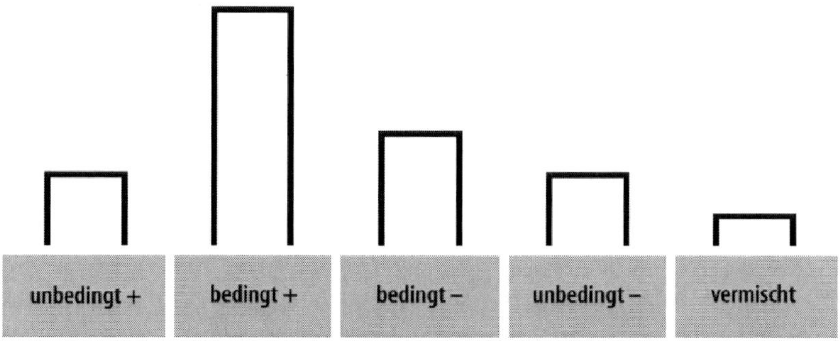

Anregende Fragen zur Selbstreflexion könnten sein:

1. Wie war der Umgang mit Zuwendung in meiner Kindheitsfamilie?
2. Wie haben die Erwachsenen einander Zuwendung gegeben?
3. Wie viel und welche Zuwendung habe ich bekommen – als Kleinkind, als Schulkind, als Jugendliche/r?
4. Wie wurde Zuwendung konkret ausgedrückt?

5. Ein Sprichwort über den Umgang mit Zuwendung…
6. Wie viel und welche Zuwendung gebe ich heute meinem/r Lebenspartner/in, meiner Familie, meinen Kolleginnen/Kollegen?
7. Was ich an meinem Umgang mit Zuwendung gern verändern würde …

(Entnommen aus: „Trainingshandbuch zur konstruktiven Gesprächsführung", Gührs und Nowak, Limmer Verlag, S. 166)

In seinen Selbsterfahrungsgruppen stellte Claude Steiner fest, dass es den meisten Menschen eher leichter fiel, negative Zuwendung, z.B. in Form von Kritik anzunehmen und diese auch weiterzugeben. Positive Zuwendung wurde eher als „das brauch ich doch nicht" abgewertet.

„Auffälligerweise ist es in unserer heutigen Gesellschaft üblich, angenehme positive Zuwendung (u. a. Lob, Liebesbezeugungen, Anerkennung) abzuwerten oder gar zu diffamieren. Wer sich selbst lobt wird schräg angesehen und misstrauisch gemustert, denn: „Eigenlob stinkt!" (Thomas Meier-Winter in „Anwendung der Transaktionsanalyse", S. 201)

Dem Gegenüber steht die Aussage, dass der „Hunger" nach positiver Beachtung und Zuwendung ein lebensnotwendiges menschliches Grundbedürfnis ist. Doch weshalb ist der Umgang mit Zuwendung mit so zwiespältigen Empfindungen besetzt?

Die Ursachen hierfür liegen in den prägenden Erfahrungen aus der Kindheit. Je nachdem, in welchem Maße wir (bedingungslose und bedingte) positive Zuwendung als Kind erhalten haben, können wir diese als erwachsene Menschen auch annehmen und weitergeben. Jedoch *„nicht selten wird uns die begehrte Zuneigung verwehrt oder dazu benutzt, unser*

Verhalten zu manipulieren. Nur wenn wir „brav" sind, wird sie uns gewährt, andernfalls nicht", (Claude Steiner in „emotionale Kompetenz", S. 31).

In vielen Familien existieren außerdem unausgesprochene Regeln über den Umgang mit Zuwendung. Neben dem Sprichwort, dass „Eigenlob stinkt" gibt es noch eine ganz Reihe von einschränkenden Denk- und Verhaltensweisen im Umgang mit Zuwendung. Diese in der Kindheit erlebten einengenden Erfahrungen verfestigen sich im Laufe der Jahre. Als erwachsene Menschen halten wir uns (unbewusst) weiterhin an diese verinnerlichten Regeln. Sie sind zu einer Art Selbstläufer geworden, obwohl sie uns unfrei machen und dadurch unsere Persönlichkeitsentwicklung hemmen. Manche in der Kindheit entwickelten oder von den Eltern übernommenen Glaubenssätze prägen noch heute unser Bild über das Geben und Nehmen von Zuwendung. Daher ist es wichtig, den eigenen Umgang mit Zuwendung z.B. mit Unterstützung des Zuwendungsprofils zu reflektieren. Dadurch können wir uns einschränkende und einseitige Zuwendungsmuster im Kontakt mit anderen Menschen bewusst machen, uns mit ihnen auseinandersetzen und sie gegebenenfalls auch verändern.

2.3.2 Die Zuwendungs-Ökonomie

Claude Steiner hat fünf einschränkende Regeln, die sogenannte „Zuwendungs-Ökonomie" herausgearbeitet, die zu einer künstlichen Verknappung von Zuwendung führen. Mit dem Begriff Ökonomie beschreibt er in diesem Zusammenhang das „sparsame wirtschaften", die einengende Lebensführung im Umgang mit Zuwendung.

„…denn nur wenige von uns sind innerlich frei genug, ihre Liebe offen auszuleben. Wir sind gehemmt, wenn es darum geht, Zuwendung zu geben,

um sie zu bitten und sie anzunehmen. Ganz besonders geizig sind wir mit Zuwendung für uns selber. Was steht uns da im Weg?

Es existieren ungeschriebene Gesetze für den Umgang mit Zuwendung. Verletzen wir diese Regeln, so reagiert unsere Umwelt mit Missfallen, ja sogar mit Schikanen, um den Druck der Regeln zu verstärken." (Claude Steiner in „Emotionale Kompetenz", S. 82)

Die von C. Steiner zusammengefassten, die Zuwendung einschränkenden Regeln lauten:

1. **Gib keine Zuwendung – (auch wenn du gerne geben möchtest)**
2. **Bitte nicht um Zuwendung – (auch wenn du welche brauchst)**
3. **Nimm keine Zuwendung an – (auch wenn du welche haben möchtest)**
4. **Lehne keine Zuwendung ab – (auch wenn du sie ablehnen möchtest)**
5. **Gib dir selbst keine Zuwendung**

Für die Gestaltung einer die Persönlichkeit und das Lernen fördernde Zuwendungskultur in der pädagogischen Arbeit mit Kindern sowie für den Erziehungsalltag in Familien ist es hilfreich, diese einschränkenden Regeln ganz bewusst in Erlaubnisse umzuwandeln:

1. **Du darfst Zuwendung geben, wenn du gerne möchtest.**
2. **Du darfst um Zuwendung bitten, wenn du welche brauchst.**
3. **Du darfst Zuwendung annehmen, wenn du welche haben möchtest.**

4. **Du darfst Zuwendung ablehnen, wenn du sie nicht haben möchtest.**
5. **Du darfst dir selbst Zuwendung geben.**

Die konkrete Umsetzung im pädagogischen Bereich sind schwerpunktmäßig Massagespiele, Bilderbücher und spezifische Lieder. Die Anwendung der Kindermassage nach Bruno Walter eignet sich gut für Familien.

Mit diesen Zuwendungs-Erlaubnissen kann der bei manchen Kindern (und Erwachsenen) zuweilen recht eingeschränkte Erfahrungsraum in Bezug auf Geben und Nehmen von Zuwendung erweitert werden. Gerade verhaltensauffällige Kinder zeigen offen oder verdeckt ihr teilweise sehr tiefes Bedürfnis nach Zuwendung.

Die Anwendung der einschränkenden Zuwendungsregeln im Kontakt zwischen Menschen bildet einen idealen Nährboden für sogenannte „psychologische Spiele", durch welche – meist unbewusst – auf manipulative Weise Zuwendung gesucht wird.

„Eine Person oder Gruppe, die sich von den Zwängen der Ökonomie der Streicheleinheiten freimacht, verfügt wieder über ein Instrument zur Befriedigung eines wesentlichen Grundbedürfnisses." (Claude Steiner in „Wie man Lebenspläne verändert", S. 135)

Zum Thema Geben und Nehmen von Zuwendung gibt es auch eine kleine Geschichte, die für Kinder und Erwachsene gleichermaßen zum Vorlesen geeignet ist.

2.3.3 Die Warmen Kuschel

Vor langer, langer Zeit lebten nur sehr kleine Menschen auf der Erde. Die meisten von ihnen wohnten in einer kleinen Stadt. Es waren glückliche kleine Menschen mit einem breiten Lachen und einem fröhlichen Gruß für jedermann.

Am meisten liebten die kleinen Menschen es, einander Warme Kuschel zu schenken.

Jede kleine Person trug einen Rucksack, der mit Warmen Kuscheln gefüllt war. Wann immer sich zwei kleine Menschen trafen, tauschten sie Warme Kuschel aus.

Ein Warmer Kuschel ist ein wundervolles Geschenk, denn er sagt: „Du bist ganz besonders. Ich mag dich." Deshalb liebten die kleinen Menschen es so, einander Warme Kuschel zu schenken, es gab ihnen ein gutes Gefühl, geliebt zu sein, und außerdem waren die Kuschel weich und kuschelig an ihrer Backe. Das Allernetteste an den Kuscheln aber war, dass, egal, wie viele ein kleiner Mensch davon fortschenkte, der Rucksack doch immer voll war.

Niemand konnte je alle seine Warmen Kuschel ausgeben.

Außerhalb des Dorfes, in einer kalten, dunklen Höhle, lebte ein großer grüner Troll. Eigentlich lebte er nicht gern allein, aber er kam einfach mit niemandem zurecht, und außerdem hasste er es, Warme Kuschel zu verschenken oder geschenkt zu bekommen. Er fand Warme Kuschel blöd!

Eines Abends wanderte der Troll durch das Städtchen, als er eine freundliche Person traf.

„Hier ist ein Warmer Kuschel für dich", sagte der kleine Mensch. „Du kommst nicht oft in die Stadt, ich freue mich, dich zu sehen und dir einen Warmen Kuschel geben zu können."

Der Troll wollte den dummen Warmen Kuschel nicht, und er war es leid, andauernd von den Kuscheln zu hören. Er legte seinen Arm um den kleinen Mensch, als ob er ihm ein großes Geheimnis verraten wollte und flüsterte: „Du weißt, dass du eines Tages keine Warmen Kuschel mehr haben wirst, wenn du sie immer weggibst, oder?"

Als der Troll den ängstlichen Gesichtsausdruck der kleinen Person sah, schaute er in den Rucksack und sagte: „Ja, ich denke, du hast noch ungefähr 217 Warme Kuschel hier. Pass also besser auf, wem du sie gibst."

Damit watschelte der Troll davon und ließ einen sehr unglücklichen und verwirrten kleinen Menschen zurück.

Nun wusste der Troll sehr gut, dass man niemals alle Kuschel weggeben konnte. Sowie einer verschenkt wurde, war wundersamerweise ein neuer da, um ihn zu ersetzen. Aber er wollte sehen, was geschehen würde, wenn er ein wenig Zweifel und Besorgnis in den Köpfen der kleinen Menschen säte.

Nun, es dauerte nicht lange, und die Nachricht sprach sich schnell herum. „Wenn man zu viele Warme Kuschel verschenkt, wird man bald keine mehr haben", erzählten die kleinen Leute einander.

Die hatte zur Folge, dass die Menschen nun die meisten ihrer Warmen Kuschel für sich selbst behielten und sie nicht, wie früher, jedem zum Geschenk machten. Natürlich geschah es manchmal, dass eine kleine Person einer anderen einen Warmen Kuschel schenkte, aber das musste schon eine ganz besondere Gelegenheit sein, und davon gab es nicht sehr viele.

Es dauerte nicht lange, bis die vormals so glücklichen und fröhlichen kleinen Leute plötzlich traurig und schwermütig wurden. Ihnen fehlte die Freude, Warme Kuschel verschenken zu können, und nur selten hatten sie das Glück, einen geschenkt zu bekommen. Am schlimmsten aber war, dass die kleinen Menschen begannen, einander zu misstrauen. Sie hatten

Angst, dass man ihnen die Warmen Kuschel stehlen könnte. Schon bald traute sich niemand mehr nach Einbruch der Dunkelheit auf die Straße.

Die meisten der kleinen Leute wurden krank. Sie hatten Schmerzen in den Schultern und im Rücken, weil ihre Rucksäcke mit den Warmen Kuscheln immer schwerer und schwerer wurden.

Der Troll war sehr zufrieden, dass seine kleine Lüge solch einen Erfolg gehabt hatte, aber er hatte auch Sorge.

„Oje", sagte er zu sich selbst, „ich wollte den kleinen Menschen doch nur zeigen, wie blöd die Warmen Kuschel sind. Ich wollte nicht, dass die unglücklich oder traurig sein sollten. Und auf keinen Fall wollte ich, dass sie krank werden."

Also erfand der Troll einen Plan. In seiner Höhle hatte er einen heimlichen Vorrat an Kalten Fröstlern. Ein Kalter Fröstler fühlt sich nicht sehr gut an und ist kein schönes Geschenk. Aber da er so viele davon hatte und die kleinen Menschen keine Warmen Kuschel mehr verschenkten, bot er ihnen einen lebenslangen Vorrat an Kalten Fröstlern an.

Die kleinen Leute waren froh, wieder etwas zu haben, was sie schenken konnten. Aber leider machte es überhaupt keinen Spaß, Kalte Fröstler zu verschenken. Niemand wusste, was sie bedeuteten, denn sie waren eben kalt, und es fröstelte einen, wenn man sie in die Hand nahm. Sie schienen nichts darüber zu sagen. Und mit Freundschaft, Glück oder Liebe hatten sie offenbar auch nichts zu tun.

Früher war es so gewesen, dass die meisten kleinen Leute „Ah!" riefen, wenn sie einen Warmen Kuschel geschenkt bekamen. Erhielten sie nun einen Kalten Fröstler, war alles, was sie sagen konnten: „Brr!"

Aber so ging es eine lange Zeit. Meist gaben die kleinen Menschen einander Kalte Fröstler, aber manchmal, bei besonderen Gelegenheiten, schenkte jemand einen Warmen Kuschel. Dann waren alle sehr, sehr glücklich.

Eines Tages sagte der Älteste und Weiseste der kleinen Menschen: „Liebe Leute, alles war viel schöner in unserer Stadt, als wir einander noch Warme Kuschel schenkten. Niemand außer dem Troll scheint diese Kalten Fröstler sehr zu mögen, und es ist doch so, dass niemand den Troll so richtig mag. Wisst ihr, ich glaube, es ist an der Zeit, dass wir einander wieder Warme Kuschel geben."

Aber die meisten der kleinen Leute gaben zu bedenken:

„Das können wir doch nicht tun. Wenn wir alle unsere Warmen Kuschel weggeben, werden wir keine mehr haben, und dann können wir nie wieder welche geben!"

Der weise Mensch erwiderte: „Unsere Warmen Kuschel nutzen uns jetzt überhaupt nichts. Wir verwahren sie nur in unseren Rucksäcken, wo sie alt und staubig werden. Es hat uns kein bisschen glücklicher gemacht, sie für uns zu behalten. Lasst es uns noch einmal versuchen. Lasst uns einander wieder Warme Kuschel schenken, so wie früher, und dann werden wir sehen, was passiert."

Und genau das taten die kleinen Menschen. Schon bald gab jeder wieder jedem Warme Kuschel. Und ratet, was geschah – immer, wenn jemand einen Warmen Kuschel aus seinem Rucksack holte, wuchs dort wundersamerweise ein neuer. Kaum wurden die Warmen Kuschel wieder großherzig verteilt, gab es auch unendlich viele davon.

Schon bald waren der Troll und seine Kalten Fröstler vergessen, und die kleinen Menschen dieser kleinen Stadt gaben einander in Liebe und Freude ihre Warmen Kuschel.

Entnommen aus „Kinder brauchen Werte", Autor: Wayne Dosick
Knaur Taschenbuchverlag, August 1998

Nach dem Vorlesen kann die Geschichte mit Kindern unter folgenden Fragen besprochen werden:

Was bedeuten für mich Warme Kuschels? (Bezug nehmen zu den positiven Zuwendungsformen). Wie fühlen sie sich an? Wo und wie oft erlebe ich solche Zuwendung? Hätte ich gerne mehr Zuwendung in dieser Art?

Was bedeuten für mich Kalte Fröstler? (Bezug nehmen zu den negativen Zuwendungsformen). Wie fühlen sie sich an? Wie oft erlebe ich solche Zuwendung?

Mit älteren Kindern können hierzu Collagen oder Wandzeitungen erstellt werden. Mit jüngeren Kindern eignet sich gemeinsames Malen als Vertiefung.

Wie sehen Warme Kuschels aus? Welche Farbe könnte er haben?

Wie sehen Kalte Fröstler aus? Welche Farbe könnte er haben?

2.4 Stärkung einer beziehungs- und wachstumsfördernden Atmosphäre – eine praktische Umsetzungsmöglichkeit in der Arbeit mit Kindern

Für die Stärkung einer beziehungs- und wachstumsfördernden Atmosphäre sind die TA-Konzepte der drei psychologischen Grundbedürfnisse nach Stimulus, Struktur und Anerkennung sowie die vier Grundpositionen als pädagogische Grundlage geeignet. Bei der praktischen Umsetzung im Tagesablauf können ein zum Thema passendes Lied, Elemente aus dem Entspannungstraining und die Bildkarten der vier Grundpositionen von Karin Baumgartner gewählt werden.

Als erster Schritt wird der Fokus auf eine Sensibilisierung der körperlichen Wahrnehmung gerichtet. Das Fühlen und Spüren soll einen

Gegenpol zu den vielfältigen visuellen Reizen bilden, mit welchen die Kinder täglich in ihrem Umfeld in Kontakt kommen. In der Differenzierung der körperlichen Wahrnehmung liegt ein wichtiger Ausgangspunkt für die Beziehungsgestaltung der Kinder untereinander und ebenso im Umgang mit sich selbst. Als pädagogische Zielsetzung formuliere ich hierzu folgende Fragen:

- Wie gehe ich mit mir um? Was tut mir gut bzw. nicht gut?
- Wie gehe ich mit anderen um? Was tut dem anderen gut bzw. nicht gut?

Diese Fragen können sich auch Eltern im Kontakt mit ihren Kindern stellen, sowie auch LehrerInnen in der Schulklasse.

Gemeinsam mit den Kindern kann im Kindergarten, in der Schule oder zu Hause eine „Fühl-Ecke" gestaltet werden. Sie besteht aus Fühlkästen, in welchen unterschiedliche Materialien mit der Hand ertastet werden können, Fühlplatten für die Füße, Fühlkissen (für Hände und Füße), Igelbälle und Kisten mit getrockneten Kastanien, Eicheln, Tannenzapfen, Kieselsteinen. Die Kinder experimentieren mit den unterschiedlichen Materialien, indem sie z.B. Fühlstraßen legen und diese mit den Füßen und Händen erkunden oder sich gegenseitig mit Fühlsäckchen zudecken. Schuhe und Strümpfe liegen hierbei vielleicht bald in einer Ecke, „weil man so viel besser fühlen kann" (H). Fühlen, Spüren und dabei miteinander in Kontakt sein, ist der Erfahrungswert in der Fühl-Ecke für die Kinder.

Dieses „Wahrnehmungsangebot wird durch das so genannte „Streichel- und Schmuselied" ergänzt, welches die Sensibilisierung der Körperwahrnehmung vertiefen und zum achtsamen Umgang mit sich selbst und mit anderen anregen sollte:

Streichel- und Schmuselied

„Wo ist dein Kopf?
Fass ihn an!
Lass mal sehn, ob man ihn streicheln kann.
Streicheln, streicheln wollen wir zusammen,
streicheln, streicheln wollen wir den Kopf"

Wo ist dein Bauch, dein Rücken ...
Wo sind deine Arme, deine Beine, deine Füße ...

Text und Melodie von Gerda Bächli
entnommen aus „Mit Spiel und Spaß durchs Jahr" von Reinhild Heuer, VEBU-Verlag GmbH, Werl i. W.

Bei dem in meiner Kindergartengruppe sehr beliebten und daher ritualisierten Rückenmassagespiel „Es regnet ganz sacht" werden ebenfalls der achtsame Umgang miteinander, das Geben und Nehmen von nonverbaler Zuwendung und gleichzeitig die eigene Körperwahrnehmung gefördert. Daher beziehe ich es ebenfalls als beziehungs- und wachstumsstärkendes Angebot mit ein. Der Ablauf des Rückenmassagespieles gestaltet sich folgendermaßen:

Die Kinder wählen sich einen Partner aus und vereinbarten, wer als Erster massiert und wer als Erster genießen darf. Danach werden die Stühle für die „Genießer" in „Massageposition" gerückt (wobei die älteren Kinder den Jüngeren meist hilfreich zur Seite stehen). Die massierenden Kinder sitzen locker und entspannt auf ihrem Stuhl während es sich die „Genießer" mit dem Rücken zu ihnen auf ihrem Stuhl bequem machen, indem sie z.B. die Arme locker über die Stuhllehne hängen ließen oder sie über der Lehne verschränkten und ihren Kopf darauf legen. Nach einem kurzen

Moment der Stille spreche ich folgenden mündlich überlieferten Vers und mache dazu die von mir selbst ausgedachten Handbewegungen:

„Es regnet ganz sacht	Beide Zeigefinger tupfen behutsam über den Rücken
und schon die ganze Nacht	
Jetzt regnet es sehr	Alle Fingerspitzen bewegen sich über den Rücken
und dann immer mehr	Fingerspitzen trommeln leicht auf dem Rücken
Es donnert und blitzt	Beide Handflächen klopfen vorsichtig den Rücken ab
Das Kind gleich flitzt	Die Finger krabbeln über den Rücken
Hinein in das Haus	Die Hände seitlich an den Kopf legen und mit den
Dann schaut es heraus	Fingerspitzen das Hausdach über dem Kopf bilden
Und sagt: „Oh, wie fein,	Mit den Handflächen den Rücken wärmen
gleich ist wieder Sonnenschein."	

Anschließend gebe ich den Kindern eine kurze Zeit des Nachspürens:

- Wie habe ich mich während der Massage gefühlt?
- Was hat mir gut gefallen bei dem massiert werden?
- Was hat mir beim selbst massieren gefallen?

Danach wird gewechselt. Natürlich dürfen die Kinder auch während der Rückenmassage eine Rückmeldung an ihren Partner geben, wenn sie Behagen oder Unbehagen spüren.

Den Abschluss des Rückenmassagespiels bildet ein weiteres „Wahrnehmungsritual", in welchem im Kontakt mit sich selbst sein Spüren und achtsames Berühren noch einmal erfahrbar wird. In der Gruppe heißt es „Die Stille-Übung":

Die Kinder sitzen locker und entspannt auf ihren Stühlen. Die Füße haben dabei Bodenkontakt. Im Hintergrund läuft ganz leise eine Entspannungsmusik. Wer will, kann seine Augen schließen. Die Hände liegen geöffnet wie zwei Schalen mit den Handflächen nach oben auf den Knien. Ich gehe leise im Kreis herum und verteilte mit der Fingerspitze etwas Massageöl auf jede geöffnete Handfläche. Wer nicht berührt werden will, dreht die Handflächen nach unten. Während ich das Öl verteile, ist es ganz still, „damit die Hände beim Fühlen nicht gestört werden". Wenn ich wieder an meinem Platz ankomme, öffnen die Kinder ihre Augen, verreiben das Öl in ihren Händen und dann riechen wir zusammen noch einmal ausgiebigst an den nach Zitrone oder Rose duftenden Händen.

Die Kinder wissen, dass die Teilnahme an der Wahrnehmung im Stuhlkreis freiwillig ist.

Bei der Durchführung von Körperwahrnehmungsübungen im Erziehungsalltag zu Hause und in der pädagogischen Arbeit mit Kindern ist es sinnvoll, auf folgende Beobachtungen zu achten:

- Wie gehen die Kinder mit dem Thema Geben und Nehmen von Zuwendung im Kontakt mit sich selbst und mit anderen Personen um?
- Was fällt ihnen eher leicht? Was fällt eher schwer oder ist nicht umsetzbar?
- Zeigen sich eher angepasste Verhaltensweisen, eine angespannte Körperhaltung? (die Übungen möglichst perfekt machen wollen, es den anderen recht machen wollen)

Rückenmassagespiele und andere Körperwahrnehmungsübungen schaffen im Kindergarten, in der Familie und im Unterricht eine positive Zuwendungskultur und unterstützen somit eine die Entwicklung und Beziehung fördernde Atmosphäre.

Bei der Einführung von Körperwahrnehmungsübungen in Familien eignen sich auch die von Bruno Walter vorgeschlagenen Massageübungen. Das Buch von Gisela Preuschoff „Kinder zur Stille führen" beinhaltet ebenfalls geeignete meditative Spiele, Geschichten und Übungen, welche z.T. auch gut im Unterricht in der Grundschule eingesetzt werden können.

Natürlich erfordert die Integration solcher Übungen in den Tages- oder Unterrichtsablauf Zeit. Es ist jedoch eine sinnvoll genutzte Zeit, die einen Gegenpol zur Reizüberflutung setzt und zum Abbau von körperlichen und seelischen Spannungen beiträgt.

Als kognitive Ergänzung der Wahrnehmung betrachte ich mit Kindern die bildlich dargestellten Grundpositionen, welche die eigene Grundeinstellung über sich selbst in Beziehung zu anderen wiedergeben. Ich nutze die bereits beschriebenen vier Bildtafeln von Karin Baumgartner, um Informationen über die seelische Befindlichkeit der Kinder zu erhalten:

- Wie bin ich in der Welt? Was denke ich über mich und die anderen?

Es ist klar, dass aus den Informationen der Kinder keine ausschließlich feststehenden Rückschlüsse über ihre Einstellung zum Leben gemacht werden können. Die spontanen Äußerungen entsprechen z.T. der augenblicklichen Befindlichkeit. Doch „ein Körnchen Wahrheit" über die eigene Grundüberzeugung in Verbindung mit dem jeweils favorisierten Bild ist bei Kindern (und Erwachsenen) meist zu finden. Die Größe des Körnchens herauszufinden ist dabei nicht das oberste Ziel. Das wäre dann eher eine analytische Vorgehensweise. Der Fokus während des Gespräches liegt auf einer sich selbst und gegenseitig wertschätzenden, akzeptierenden Atmosphäre in der Gruppe.

Ich lasse die Kinder dann beschreiben, was sie auf den vier Bildkarten (siehe S. 28) abgebildet sehen:

- „Da liegt ein großer Ball auf dem Kopf. Der drückt bestimmt ganz doll." - „Die Gesichter sehen traurig aus, die fühlen sich schlecht." (-- Position)
- „Das rote Kind ist stark." - „Aber es geht ihm nicht ganz gut. Es lacht nicht richtig. Der Mund ist nämlich ein bisschen schief." - „Dem blauen Kind geht es schlecht." - „Es kriegt den dicken Ball voll ab und schaut traurig." (+- Position)
- „Der Blaue sitzt ganz oben. Aber richtig lachen tut er nicht." - „Und dem Roten geht es ganz arg schlecht, weil alles auf ihm drauf sitzt." „Der Rote ist ganz klein geworden." (- + Position)
- „Da sind zwei Kinder, die haben einen Ball. Ein Kind ist rot und das andere Kind ist blau." – „Die zwei Kinder halten zusammen einen Ball und freuen sich beide." – „Den zwei Kindern geht es gut."- „Die sind nett zueinander." (++ Position)

Danach lege ich die vier Bilder in die Mitte des Erzählkreises und jedes Kind erzählt, welches Bild ihm am besten gefällt und wer mag, darf seine Auswahl auch näher erläutern. Während einige Drei- und Vierjährige wenige Worte benutzen und z.T. schweigend auf ein Bild deuten, erläutern die älteren Kinder ihre Bildauswahl näher:

J.: „Mir gefällt der Rote. Der ist stark und kann den Blauen bekämpfen." (+-Position)

F.: „So wie die beiden fühle ich mich manchmal (deutet dabei auf -- Position). Aber das andere Bild gefällt mir besser. So geht es mir, wenn ich fröhlich bin (deutet auf ++ Position)."

M.: „Am besten finde ich dieses Bild (zeigt auf ++ Position). Da sind beide froh."

S.: „Ich find den Roten gut. Der hat Kraft (deutet auf +- Position)."

K.: „Manchmal bin ich so (deutet dabei auf --Position). Aber das andere Bild ist besser (deutet auf ++ Position)."

T.: „Ich mag nur dieses Bild (deutet auf -- Position). Die sind beide sauer."

D.: „Mir gefällt dieses Bild (deutet auf ++ Position). Das ist schön."

Bei J. und S. spiegelt sich hier z.B. ihre Tendenz zu provozierenden Verhaltensweisen anderen Kindern gegenüber in ihren geäußerten Worten wieder. Bei F. vermute ich die Hochbegabung und bei K. sein mangelndes Selbstbewusstsein als jeweiligen Grund für die zeitweise *„Ich bin nicht o.k. - du bist nicht o.k."* Grundhaltung der beiden. Bei T. empfinde ich die gewählte Bildtafel bezeichnend für seine augenblickliche Lebenssituation, die ihm an machen Tagen sicher ausweglos erscheint. (Er hat eine angeborene schwere Herzerkrankung).

Zur Vertiefung der besprochenen Grundeinstellungen in Bilderform betrachten wir das Bilderbuch „Das kleine Ich bin Ich". Am Anfang der Geschichte weiß das kleine bunte Tier nicht, wer es ist. Die von ihm befragten Tiere geben im Kontakt mit ihm unterschiedliche Botschaften. So sagt z.B. der Laubfrosch:

„Wer nicht weiß, wie er heißt,
wer vergisst, wer er ist,
der ist dumm!"

„Der sagt, ich bin o.k. und du bist nicht o.k.", bemerken sofort einige Kinder. Dies zeigt, dass Kinder ein sehr feines Gespür haben, aus welcher Grundhaltung heraus mit ihnen gesprochen wird. Die Pferde, Fische und das Nilpferd vermitteln in ihrem Dialog eher eine ++ Grundeinstellung. Am Ende der Geschichte findet das kleine Tier zu sich selbst in der Erkenntnis: Ich bin ich! Und die Tiere – letztendlich auch der kritische Laubfrosch – bestätigen ihm: „Du bist du!"

Nach der Bilderbuchbetrachtung kann mit den Kindern die Geschichte unter folgender Fragestellung besprochen werden:

- Was sagt das kleine Tier am Anfang über sich und wie fühlte es sich dabei?
- Wie gehen die anderen Tiere mit dem kleinen Tier um? Was sagen sie zu ihm?
- Wie gehen wir miteinander um? Gibt es Parallelen zu der Geschichte?

In Familie, Kindergarten und Schule kann so ein anregender Austausch zu dem Thema „Auf gute Weise miteinander umgehen" entstehen, in welchem neben der Grundeinstellung gegebenenfalls der Umgang mit Zuwendung (Geben und Nehmen von bedingungsloser und bedingter positiver Zuwendung) mit einbezogen werden kann.

Als Vertiefung des Prozesses können die Kinder ein „Ich bin Ich" aus farbigem Fotokarton (Körper) und Wolle (Haare und Schwanz) gestalten.

3 - Persönlichkeitsentfaltung anregen durch die Entwicklung von Emotionaler Kompetenz

„Wir sollten uns davor hüten,
den Intellekt zu unserem Gott zu machen;
Gewiss, er hat starke Muskeln, jedoch keine Persönlichkeit.
Er darf nicht herrschen; nur dienen."

Albert Einstein

„Zu 80 Prozent beruht Erfolg auf anderen, ganz offensichtlich wichtigeren Faktoren als der abstrakten und logischen Intelligenz", schreibt David Servan-Schreiber in seinem Buch „Die neue Medizin der Emotionen" (S. 26). Amerikanische Forscher entdeckten solch einen wichtigen Faktor im Zusammenhang mit unseren Gefühlen, die „emotionale Intelligenz." Sie definierten dementsprechend einen „emotionalen Quotienten" (EQ = Emotionsquotient).

Emotionale Intelligenz kann anhand von vier Faktoren gemessen werden:

1. *Die Fähigkeit, seinen eigenen Gefühlszustand und den anderer zu erkennen;*
2. *die Fähigkeit, den natürlichen Ablauf von Gefühlen zu verstehen (ganz so wie ein Läufer oder ein Springer sich auf einem Schachbrett*

entsprechend den jeweiligen Regeln fortbewegen, verläuft beispielsweise bei Angst oder Zorn die Entwicklung in der Zeit unterschiedlich);

3. *die Fähigkeit, über seine eigenen Gefühle und die anderer vernünftig nachzudenken und zu urteilen;*
4. *die Fähigkeit, mit seinen eigenen Gefühlen und denen anderer richtig umzugehen.*

(Mayer, J.D., P. Salovey, A. Capuso (2000), „Models of emotional intelligence", In: Steinberg, R.J. (Hg.), Handbook of Intelligence, Cambridge University Press. In „Die neue Medizin der Emotionen", S. 27)

Bevor ich näher auf die auf die Entwicklung und Förderung des emotionalen Lernens eingehe, möchte ich einen kurzen Exkurs zur Entstehung der Gefühle machen.

3.1 Was sind Gefühle, wie entstehen sie?

Gefühle stimulieren unser Denken und Verhalten und reagieren gleichzeitig auf beides. Sie sind ein Zusammenspiel von Körper und Seele. Dieses Grundphänomen zeigt sich am deutlichsten bei dem Gefühl Angst. Im Körper spüren wir die Angst durch einen erhöhten Puls und eine schnellere Atmung. Manche Menschen empfinden einen Druck im Brustraum oder im Halsbereich. Gleichzeitig beeinflusst die Angst unser Seelenleben. Klares Denken und souveränes Verhalten fällt schwer, wir befinden uns eher in einer kindlichen Position. Gefühle entstehen im limbischen System.

„Die so genannten limbischen Bereiche sind bei allen Säugetieren gleich und bestehen aus Nervengewebe, das sich von dem der für Sprache und Denken

verantwortlichen Hirnrinde unterscheidet. Das limbische System ist für Gefühle und Überlebensreaktionen zuständig." (David Servan-Schreiber in „Die neue Medizin der Emotionen, S. 18)

Das emotionale Gehirn funktioniert oft unabhängig von der Großhirnrinde, in welcher die Sprache und das Denken angesiedelt sind. So kann man z.B. einem Gefühl nicht befehlen, stärker zu werden oder zu verschwinden. Der Verstand hingegen ist sehr wohl zu beeinflussen. Man kann ihm befehlen, zu sprechen oder still zu sein.

Das emotionale Gehirn kontrolliert alles, was das psychische Wohlbefinden regelt, sowie einen großen Teil körperlicher Funktionen wie die Herztätigkeit, den Blutdruck, die Hormone, das Verdauungs- und sogar das Immunsystem.

„Probleme, die das Gefühlsleben betreffen, sind die Folge von Funktionsstörungen des emotionalen Gehirns, von denen viele ihren Ursprung in schmerzlichen Erlebnissen der Vergangenheit haben. Sie beziehen sich in keiner Weise auf die Gegenwart, haben sich jedoch dem emotionalen Gehirn unauslöschlich eingeprägt. Eben diese Erlebnisse kontrollieren oft weiterhin unser Empfinden und Verhalten, gelegentlich noch Jahrzehnte später." (a.a.O. S.19/20)

Hier wird noch einmal die prägende Wirkung des emotionalen Lernens deutlich, die ich in Kapitel 1 bei den verschiedenen Lerntypen beschrieben habe.

Die im emotionalen Gehirn abgespeicherten und entstehenden Gefühle können demnach Persönlichkeitsentwicklung, Beziehungsgestaltung und Lernen fördern oder diese auch regelrecht blockieren. Das bewusste Wahrnehmen, Benennen und Ausdrücken von Gefühlen ist daher ein bedeutsamer Lernprozess in Erziehung und Unterricht.

Wie können nun die vier genannten Faktoren zur Entwicklung emotionaler Intelligenz in der pädagogischen Arbeit mit Kindern und im Erziehungsalltag gefördert werden? Hier setzt das von Claude Steiner entwickelte Konzept der emotionalen Kompetenz an.

3.2 Bewusstwerden und Benennen der Gefühle

Der Ausdruck eines Gefühls und eine entsprechende Antwort von außen ist ein wichtiges Grundbedürfnis eines jeden Menschen. Die Lebensenergie kann dadurch wieder frei fließen. Daraus folgt Aktivität, nicht nur im Sinne von Arbeit, sondern auch von Genuss in unterschiedlicher Form. Werden Gefühle nicht nach außen gebracht, wird Energie gebunden.

Doch welchen Stellenwert haben Gefühle eigentlich in unserer vom Verstand geprägten, leistungsorientierten Gesellschaft? Macht es überhaupt Sinn, sich mit ihnen näher zu beschäftigen? Stören sie nicht eher den Tagesablauf, als dass sie uns vorwärts bringen?

„Gefühle haben es schwer in unserer rationalen Welt", schreibt Ingrid Wandel. *„Höchstens dann, wenn sie sich kontrollieren und in Einklang mit dem bringen lassen, was man so die Vernunft nennt, haben sie ihren Platz ... Es ist mit ihnen in unserer Gesellschaft ein wenig wie mit Kindern. Sie sollten Freude machen, Ernst und Plage des Arbeitslebens erleichtern und ausgleichen. Nur stören sollten sie nicht und das tun sie, wenn sie sich selbständig machen oder allzuviel Aufmerksamkeit verlangen. Für solch störende Gefühle gibt es zum Glück Experten, Therapeutinnen und Therapeuten ... All das wird ihnen nicht gerecht.*

Gefühle sind menschliche Kräfte, die eine Form brauchen, gestaltet werden müssen. Das ist Aufgabe der Kultur, die bei uns trotz allen technologischen und wissenschaftlichen Fortschrittes stark im Rückgang ist, nicht nur

Sache von Experten." (Ingrid Wandel in „Die Macht der Gefühle" - Beiträge zum transaktionsanalytischen Symposium in Stuttgart, TVT – Medienverlag 2002, Tübingen)

Der Sänger und Liedermacher Klaus Hoffmann hat sich schon 1982 mit diesem Thema beschäftigt. Er drückt dies in seinem Lied *„Zu den Wurzeln zurück"* folgendermaßen aus:

> *„Mit aller Macht versucht man uns,*
> *Gefühle zu verwalten,*
> *vielleicht gehen wir nicht kaputt,*
> *doch könnten wir erkalten.*
> *Es ist jetzt an der Zeit,*
> *diese Entfremdung zu besiegen."*
>
> (aus der CD „Veränderungen" 1982)

Gerade im Hinblick auf die neuen Erkenntnisse aus der Gehirnforschung ist es unerlässlich, in der Familie sowie im pädagogischen Bereich eine wachstums- und lernfördernde „Gefühlskultur" zu etablieren, anstatt Gefühle „zu verwalten." Emotionales und soziales Lernen sind zwei bedeutsame Grundlagen für effektive Bildungsprozesse.

Bevor Empfindungen jedoch gespürt und ausgedrückt werden können, müssen sie uns selbst erst einmal bewusst sein. Das ist die Grundvoraussetzung, um später die Gefühle bei anderen Menschen wahrzunehmen angemessen darauf reagieren zu können. Claude Steiner beschreibt diesen Vorgang folgendermaßen:

„Drei Fähigkeiten sind gemeint, wenn wir von emotionaler Kompetenz sprechen: Die Fähigkeit, die eigenen Gefühle zu verstehen, die

Fähigkeit, anderen zuzuhören und sich in deren Gefühle hineinzuversetzen und die Fähigkeit, Gefühle sinnvoll zum Ausdruck zu bringen."
(Claude Steiner in „Emotionale Kompetenz", S. 21)

Emotionales Lernen beginnt also im ersten Schritt bei mir selbst, indem ich lerne, meine eigenen Gefühle wahrzunehmen.

Im Laufe der Jahre stellte C. Steiner in seiner therapeutischen Arbeit fest, dass Menschen ihre Gefühle in unterschiedlicher Intensität wahrnehmen, dass es verschiedene Stufen der Gefühls-Wahrnehmung gibt. Diese reicht von „ich spüre nichts" bis zu einem tiefen emphatischen Empfinden, die er in einem Schaubild zusammengefasst hat:

3.2.1 Die Skala der emotionalen Bewusstheit

Bewusstheit 100% ↑

Interaktivität
Eigene Gefühle kennen, sich in andere hineinversetzten und Wechselwirkung der Gefühle voraussehen, kompetent mit eigenen Gefühlen und denen anderer umgehen

Einfühlung/Empathie
Verfeinerung der Gefühlswahrnehmung, Einfühlungsvermögen, gute Resonanz für die Gefühle anderer, ehrliches Feedback

Kausalität
Den Ursprung der Gefühle begreifen, das auslösende Ereignis wahrnehmen

Differenzierung
Durch die Überwindung der Sprachbarriere werden die unterschiedlichen Gefühle bewusst. Eine differenzierte Wahrnehmung der Gefühle kann erlernt werden

– – – – – – – – – – – – – Sprachbarriere – – – – – – – – – – – – –

Rudimentäre Wahrnehmung
Sich der Emotionen zwar bewusst sein, sie jedoch nicht näher bestimmen, über sie sprechen oder ihre Beweggründe einsehen können

Körperliche Empfindung
Die Gefühle äußern sich körperlich (z.B. durch Kopf- oder Bauchschmerzen). Die auslösenden Gefühle bleiben jedoch verborgen

Taubheit
Menschen, die sich in diesem Stadium befinden, können keine Gefühle oder Empfindungen wahrnehmen

↓ 0%

Gefühle begleiten uns tagtäglich im Kontakt mit anderen Menschen und auch im Kontakt mit uns selbst. In der dargestellten Skala wird die unterschiedliche Wahrnehmung der Gefühle von C. Steiner nun näher erläutert.

Emotionale Taubheit: Manche Menschen nehmen keinerlei Empfindungen wahr, wenn sie auf ihre Gefühle angesprochen werden. Sie befinden sich in dem Stadium emotionaler Taubheit. In ihrem Umfeld werden die „tief vergrabenen Gefühle" jedoch oftmals durch die äußeren Hinweise wie Erröten, entsprechende Mimik oder Gestik wahrgenommen.

Körperliche Empfindung: Bei der körperlichen Empfindung spürt die betreffende Person eine körperliche Reaktion wie z.B. erhöhten Pulsschlag oder einen Druck im Brustbereich, ist sich jedoch nicht bewusst, dass sie gerade Angst hat. In der Medizin spricht man hierbei von psychosomatischen Störungen oder Beschwerden. In unserer heutigen leistungsorientierten Gesellschaft leiden zunehmend mehr Menschen an solchen körperlichen Empfindungen, denen zuweilen intensive Gefühle zugrunde liegen. In zunehmendem Maße sind auch bereits Kinder davon betroffen.

Rudimentäre Wahrnehmung: In dem Stadium der rudimentären Wahrnehmung *„ist sich ein Mensch seiner Emotionen bewusst, erlebt sie aber lediglich als ein erhöhtes verstörendes Energiepotential, das nicht verstanden und in Worte gefasst werden kann." (Claude Steiner in „Emotionale Kompetenz", S.54)* Rudimentär bedeutet in diesem Zusammenhang eine „verkümmerte", unzureichend ausgebildete Wahrnehmung der vorhandenen Gefühle. *„Menschen mit rudimentärer Gefühlswahrnehmung neigen eher zu unkontrollierten Ausbrüchen, impulsivem Handeln oder Depressionen als* *solche, deren Emotionen erstarrt und dadurch gänzlich ihrer Wahrnehmung entzogen sind. (a.a.O. S. 54)*

Aus dieser These könnte man den Schluss ziehen, dass es u.U. klüger ist, Gefühle nicht anzusprechen. Letztendlich jedoch verhilft der kompetente Umgang mit Gefühlen und dem damit verbundenen Informationsmaterial über eine Person zu mehr Effizienz in unseren beruflichen und privaten Beziehungen. Menschen mit hoher emotionaler Kompetenz wissen, wie sie ihre Gefühle, wenn es notwendig sein sollte, auch kontrollieren können.

Sprachbarriere: In der Skala der emotionalen Bewusstheit ist die Sprachbarriere eine wichtige Schnittstelle. Die Überwindung dieser Grenze bedeutet, dass die vorhandenen Gefühle nicht nur körperlich gespürt, sondern auch sprachlich mitgeteilt werden können. Dazu brauchen wir eine Atmosphäre, die emotionalen Informationen gegenüber aufgeschlossen ist; in der über Gefühle gesprochen werden darf und die die geäußerten Gefühle achtsam und wertschätzend behandelt. Der verbale Austausch über die eigene Befindlichkeit ist eine wichtige Grundlage für den bewussten Umgang mit unseren Gefühlen.

Differenzierung: Die Differenzierung der Gefühle bedeutet, dass z.B. in einer Situation unterschiedliche Gefühle in ihrer Wirkungsstärke wahrgenommen und diese auch mitgeteilt werden können.

„Indem wir die Sprachbarriere passiert haben (für manche stellt sie eine regelrechte Mauer dar), wird uns zunehmend bewusst, dass wir häufig mehrere Empfindungen gleichzeitig verspüren. Einige davon sind stark und nicht zu übersehen, andere aber können versteckt und kaum wahrnehmbar sein;

einige halten nur kurz an, während andere uns lange begleiten." (a.a.O. S. 57) Es ist z.B. möglich, dass in einer bestimmten Situation Trauer und zugleich auch eine, manchmal verdeckte, Wut gespürt wird.

Kausalität: Wenn wir in der Lage sind, unsere Gefühle differenziert wahrnehmen zu können, begreifen wir mit der Zeit auch, dass Gefühle einen Ursprung haben. Kausalität bedeutet in diesem Zusammenhang, die Ursache der wahrgenommenen Gefühle herauszufinden. Wir können nachspüren, welches Ereignis sie ausgelöst hat, weshalb wir z.B. Wut, Angst oder Freude empfinden. An dieser Stelle möchte ich anmerken, dass auch das Verhalten eines Menschen in einem anderen bestimmte Gefühle auslöst.

„Hier ist der Punkt, wo man einsehen muss, wie stark Menschen emotional miteinander vernetzt sind. Auch wenn wir das Gegenteil behaupten, werden wir in anderen bestimmte Empfindungen auslösen, genauso wie diese in uns." (a.a.O. S. 57)

Einfühlung: Emotionale Einfühlung setzt voraus, dass wir unsere unterschiedlichen Emotionen unterscheiden lernen, ihre Wirkungsstärke einschätzen, sowie auch ihren Ursprung erkennen können. Durch diesen Prozess verfeinert sich im Laufe der Zeit die Wahrnehmung für die eigenen Gefühle und sensibilisiert uns ebenfalls für die Gefühle anderer Menschen. Wir entwickeln sozusagen ein „emotionales Gespür" für die Gefühle anderer, eine Art Schärfung der Intuition. Allerdings ist diese intuitive Wahrnehmung vorerst ungenau, bis wir eine objektive Bestätigung für unser „Gespür" erhalten haben. Diese Bestätigung erhalten wir, indem wir bei der entsprechenden Person nachfragen, ob das, was wir an Emotionen gespürt haben, zutrifft. „Wenn wir über Empfindungen objektiv und in vernünftiger Weise sprechen, dann werden wir die eigenen Gefühle und die, die uns andere entgegen bringen, eher zulassen können." (a.a.O. S. 60)

Interaktivität: Emotionale Interaktivität bedeutet eine hohe Sensibilisierung gegenüber den Gefühlen von Menschen in unserem unmittelbaren Umfeld. Wir lernen einzuschätzen, *„wie Menschen auf die Gefühle anderer reagieren werden und wann diese Gefühle im Guten oder im Schlechten eskalieren können. (a.a.O. S. 62)* Dies erfordert ein beträchtliches Maß an Bewusstheit über die eigenen Gefühle und die Fähigkeit, sich in die Empfindungen anderer Menschen hineinversetzen zu können, sowie die Wechselwirkung der wahrgenommenen Gefühle vorauszusehen. Emotionale Interaktivität ist eine hohe Form von emotionaler Kompetenz und ist die Endstufe oder das Ergebnis eines intensiven Lernprozesses. Menschen mit einem großen Erfahrungshorizont oder einem Potential an Weisheit verfügen über diese Fähigkeit. (Claude Steiner ist meines Erachtens ein solcher Mensch)

Die Skala der emotionalen Bewusstheit verdeutlicht die unterschiedlichen Stufen der emotionalen Wahrnehmung und kann auch zur Selbst-Reflexion genutzt werden. Fragen hierzu könnten sein:

- Auf welcher Stufe würde ich meine emotionale Wahrnehmung einordnen?
- Auf welcher Stufe empfinde ich die Menschen in meinem beruflichen Umfeld?
- Auf welcher Stufe würde ich meine privaten/familiären Beziehungen einordnen?

„Sich der eigenen Gefühle in uns und in anderen bewusst zu sein, ist der erste Schritt zur emotionalen Kompetenz", schreibt Claude Steiner (a.a.O.

S. 69) Die Grundlage für eine solche Entwicklung bilden die bereits beschriebenen Konzepte aus der Transaktionsanalyse: Gegenseite Wertschätzung auf der Basis einer *„Ich bin o.k. – Du bist o.k."* Grundhaltung, die Beachtung des psychologischen Grundbedürfnisses nach Zuwendung und die Gestaltung einer ausgewogenen Zuwendungskultur, die hierbei eine zentrale Bedeutung hat. Das bewusste Geben und Annehmen von positiver Zuwendung schafft die Basis für eine vertrauensvolle Atmosphäre, in der sich Menschen öffnen und ihre emotionale Befindlichkeit mitteilen können. Claude Steiner nennt dies „Das Herz öffnen". Seiner Meinung nach ist ein offenes Herz das Fundament, auf dem sich emotionale Kompetenz entwickeln kann. Das Herz ist, symbolisch gesehen, der Sitz unserer Gefühle.

Nach dem Einblick über die unterschiedlichen Stufen der Gefühlswahrnehmung (Wie intensiv und differenziert nehme ich Gefühle wahr?) möchte ich in einem nächsten Schritt auf die Stimulierung und Reaktion von Gefühlen, (Wie kann ich Gefühle steuern, beeinflussen?), eingehen.

Gefühle werden durch äußere oder auch innere Impulse ausgelöst. Vielleicht kommt Ihnen diese Situation bekannt vor: Sie schauen am Morgen nach dem Aufstehen aus dem Fenster. Der Himmel ist grau und es regnet. Welches Gefühl löst dieser äußere Impuls in Ihnen aus?

Etwas später gehen Sie aus dem Haus. Sie begegnen Ihrem Nachbarn, der sie freundlich grüßt und Ihnen, trotz des Regenwetters, einen schönen Tag wünscht. Mit welchem Gefühl steigen sie jetzt in Ihr Auto? Auf dem Weg zur Arbeit hören Sie im Radio, dass es im Bereich Ihrer Fahrtrichtung zu Verkehrsbehinderungen wegen Bauarbeiten kommen wird. Was löst dieser äußere Impuls innerlich bei Ihnen aus?
Manfred Gührs und Claus Nowak beschreiben den Ablauf einer solchen Gefühlsreaktion wie folgt:

„Eine Gefühlsreaktion verläuft in vereinfachter Darstellung in zwei Schritten:

1. *Ein äußerer oder innerer Stimulus löst ein bestimmtes Gefühl aus, welches dann*
2. *durch ein entsprechendes Verhalten in Worten, Mimik, Gestik und Aktion ausgedrückt wird.*

Das Ziel der Gefühlsreaktion besteht in einer Entladung von Energie und im Fall unangenehmer Stimuli in deren Beseitigung." (Gührs und Nowak in „Das konstruktive Gespräch," S. 138/139)

Bei dem morgendlichen Blick aus dem Fenster könnte das Regenwetter vielleicht eine bestimmte Gestik oder Mimik auslösen, begleitet von den Worten: „So ein blödes Wetter!" Den freundlichen Morgengruß ihres Nachbarn erwidern Sie vielleicht mit einem Lächeln. Und die Verkehrsnachrichten lösen wohl eher ein angespanntes Verhaltensmuster aus.
Der Ablauf einer solchen Gefühlsreaktion hat eine prägende Wirkung für den emotionalen Lernprozess von Kindern (und Erwachsenen):
„Jedoch sind heranwachsenden Kindern vor dem Hintergrund kultureller, individueller und familiärer Bedingungen nicht alle Gefühlsäußerungen gestattet." (a.a.O., S. 139ff)
Ein Beispiel: Ein – in unserer Gesellschaft noch gängiges – Sprichwort in Bezug auf Gefühle lautet: „Ein tapferer Indianer kennt keinen Schmerz."

Einem Kind (meist ist es ein Junge) wird mit diesem Satz signalisiert, dass es besser sei, seine Angst oder Trauer nicht wahrzunehmen. Dieses Gebzw. Verbot kann sich nun auf das Gefühl selbst beziehen, (es ist besser, keine Angst/Trauer zu fühlen) oder auf den Ausdruck des Gefühls, (es ist besser, keine Angst/Trauer zu zeigen). Das Kind erlebt hier, dass eine angemessene Verarbeitung der schmerzlichen Situation nicht möglich ist.

Es hat nun drei Möglichkeiten. Es kann sich entscheiden:

1. Das Gefühl der Trauer/Angst gar nicht erst wahrzunehmen. Das Gefühl wird verdrängt, weggedrückt.
2. Ein anderes, von dem Umfeld akzeptiertes Gefühl darüberzulegen, (ein Ersatzgefühl zu fühlen).
3. Ein Verhalten zu zeigen, das nicht zu dem empfundenen Gefühl passt, (Ersatzverhalten). Das Kind spürt deutlich seine Angst/Trauer, entscheidet sich jedoch, das Gefühl in sich „zu vergraben", es nicht äußerlich zu zeigen. Stattdessen legt es ein Ersatzverhalten darüber, welches von dem Umfeld beachtet, akzeptiert wird.

Fanita English, eine amerikanische Transaktionsanalytikerin und Psychotherapeutin hat sich, gerade auch aufgrund ihrer entwicklungspsychologischen und kindertherapeutischen Arbeit, eingehend mit dem Thema Ersatzgefühle/Ersatzverhalten beschäftigt.

3.3 Echte Gefühle und Ersatzgefühle

Nach F. English werden schon in der frühen Kindheit authentische, der Situation angemessene Gefühle verdrängt und abgewehrt, da die nahen Bezugspersonen auf diese Gefühlsäußerungen negativ reagiert haben. Anstelle des nicht gezeigten authentischen Gefühls zeigt das Kind ein Ersatzgefühl, das von den Eltern akzeptiert oder vielleicht sogar mit besonderer Zuwendung belohnt wird.
Um seine existenziell wichtige „Zuwendungszufuhr" nicht zu gefährden, verdrängt das Kind das „unerwünschte" Gefühl und setzt diesen Mechanismus später auch außerhalb seiner Familie fort. Die Eltern sind für das Kind die ersten Vorbilder im Erkennen und Wahrnehmen von Gefühlen.

Sie spiegeln dem Kind durch ihr Verhalten und ihre Wortwahl, wie es bei bestimmten Erlebnissen gefühlsmäßig reagieren soll. Noch heute wird dabei in unserer Gesellschaft eine geschlechtsspezifische Unterscheidung erkennbar. Ein bitterlich weinender Junge löst teilweise noch genau so eine (unbewusste) Irritation aus wie ein mit Wut aufstampfendes Mädchen.

„Manche Eltern erziehen ihre Kinder dazu, bestimmte Gefühle nicht zu spüren, oder zwingen sie, sich bestimmter Wahrnehmungen nicht bewusst zu werden. Sie machen keinen Unterschied zwischen Fühlen und Handeln und vermitteln dadurch, dass die Gefahr schon in den Gefühlen liegt. Die bewusste Wahrnehmung der Gefühle soll unterdrückt werden"(…)

„Jede Familie erlaubt jedoch – oder ermutigt sogar – einige bestimmte Kategorien von Gefühlen: „Freundlichkeit ist wichtig", „Los, los, verscheuche die Trauer", „Liebe deinen Nächsten", „Pass auf, traue niemandem", (Fanita English in Transaktionsanalyse", S. 92)

Hier ein Beispiel aus meiner Kindergartengruppe:

Martin, drei Jahre alt, geht erst seit einigen Monaten in den Kindergarten. In seinem anfänglichen Trennungsschmerz von seiner Mutter begleite ich ihn über mehrere Wochen mit Empathie (trösten, in den Arm nehmen). Seine Traurigkeit kommt aus dem Herzen, er vermisst seine Mutter sehr. Martin weint oft, er ist augenscheinlich ein sehr sensibles Kind. Mittlerweile ist Martin bereits über fünf Monate im Kindergarten. Sobald es zu einer Konfliktsituation mit einem anderen Kind kommt, fängt Martin zu weinen an. Zu Hause bekommt Martin von seiner Großmutter viel Aufmerksamkeit, wenn er weint. Sie tröstet ihn und versucht, möglichst schnell eine Lösung für ihn zu finden. „Sie müssen gut auf Martin aufpassen. Er ist so ein sensibles

Kind", sagt sie zu mir. Mit seiner gezeigten Wut kann die Großmuter nach meinen Beobachtungen nur begrenzt umgehen. Wenn Martin mittags beim Abholen mit dem Fuß aufstampft und heftig Nein!" sagt, lächelt sie und redet beschwichtigend auf ihn ein. Martin hat gelernt, dass es in seiner Familie für das Basisgefühl Trauer viel Beachtung gibt, Wut hingegen wird weniger ernst genommen.

„Ein Kind, das die Wahrnehmung bestimmter verbotener Gefühle unterdrücken musste, gleicht dies aus, indem es besonders betont das ausdrückt, was erlaubt ist. Dabei befreit es sich wenigstens von Emotionen; natürlich nicht von den echten Gefühlen, aber doch von irgendwelchen. Da es nicht das echte Gefühl ist, bleibt das Kind jedoch unbefriedigt und behält das anhaltende Bedürfnis, das unechte Gefühl anzubieten". (a.a.O., S. 93)

Zur Entstehung von Ersatzgefühlen kommt es durch ...

- **Erlaubnisse und Verbote;** Das Kind entwickelt aufgrund der von Eltern oder nahen Bezugspersonen ausgesprochenen Erlaubnissen und Verboten alternative Gefühlsäußerungen (Ersatzgefühle) zu dem ursprünglich empfundenen Gefühl.

„Vor dem zweiten Lebensjahr werden Gefühle nicht verständlich oder verbal aufgenommen. Sie werden vielmehr als Körperimpulse erlebt und nach außen gezeigt. Nach dem zweiten Lebensjahr erkennt das Kind, dass sich seine Gefühle zeigen. Es lernt, dass einige Gefühle nicht akzeptabel oder beschämend sind, und es möchte dabei nicht ertappt werden." (a.a.O. S.223).

Dieser Prozess beginnt in der Trotzphase auf nonverbale Weise. In diesem Alter kann das Kind seine Empfindungen, besonders auch die zeitweise heftige Wut noch nicht verbal ausdrücken. Die Gefühle werden über die Körpersprache ausgedrückt. Dann „liest" es aus der Mimik und

Gestik der Erwachsenen und zieht aus deren Reaktionen, (Lächeln, in den Arm nehmen, Stirn runzeln, Drohgebärde) Rückschlüsse über seine gezeigten Gefühle. Wenn es bemerkt, dass das geäußerte Gefühl nicht erwünscht ist, sucht es nach einem Gefühl, welches von der Bezugsperson akzeptiert (erlaubt) ist. Das Kind wählt sein Ersatzgefühl nach dem Grad der Aufmerksamkeit aus, die es für das gezeigte Gefühl erhält. An dieser Stelle möchte ich noch einmal auf die bedeutsame und prägende Wirkung der nonverbalen positiven bzw. negativen Zuwendung hinweisen, (vgl. S. 16-18).

Kinder spüren zuweilen auch sehr genau, welches Gefühl besonders erwünscht oder akzeptiert ist und benutzen dieses Gefühl bei ihren Eltern als manipulative „Gefühls- Strategie". Manche Mädchen lernen z.B. schnell, dass sie für die Gefühlsäußerung von echter Wut wenig Beachtung erhalten. Wenn sie hingegen hilfloses Weinen zeigen, bekommen sie Zuwendung in Form von Trost. Sie zeigen Trauer statt Wut und passen sich mit diesem Verhalten den Erwartungen ihrer Bezugspersonen an. Ähnlich ist es bei Jungen mit dem Gefühl Angst und Traurigkeit. Redensarten wie „Ein tapferer Indianer kennt keinen Schmerz!" oder „Ein großer Junge weint doch nicht!" weisen darauf hin, dass diese Gefühle nicht zu einem „richtigen" Jungen passen. Wut und Aggression sind hingegen eher erlaubt, sie passen zu dem Bild von dem draufgängerischen, mutigen Jungen. Mit der Zeit wagen sie es nicht mehr, bestimmte tiefe authentische Gefühle überhaupt wahrzunehmen. Sie befürchten, dass diese Gefühle entdeckt werden könnten und ihnen dann die für sie lebensnotwendige Zuwendung verwehrt wird. Auf der Skala der emotionalen Bewusstheit befinden sich die echten Gefühle daher unterhalb der Sprachbarriere.

„So entwickeln sich unsere „blinden Flecken", die Löcher oder der Mangel an Bewusstsein. Ersatzgefühle kommen herein, und deshalb ist es später im

Leben auch so schwer, in einem selbst die darunter liegenden echten Gefühle zu erkennen." (Fanita English in „Transaktionsanalyse", S. 223)

- **Zuschreibungen;** Die Eltern vermitteln dem Kind ein bestimmtes Gefühl, nach dem Motto: „Dein Gefühl stimmt nicht. Ich weiß besser, was du eigentlich fühlst". Wenn z.B. ein Kind weint und die Mutter sagt zu ihm: „Du bist doch gar nicht traurig. In Wirklichkeit bist du nur müde!", lernt es durch die Reaktion der Mutter die gespürte Traurigkeit durch Müdigkeit zu ersetzen. Später wird es auch außerhalb seiner Familie, z.B. in der Schule, dieses Ersatzverhalten zeigen und dafür Beachtung von dem Lehrer suchen.

Wenn ein Kind hinfällt, sich erschrickt und weint, könnte die Zuschreibung des Vaters „Das hat doch gar nicht weh getan! Komm, lach doch einmal!" lauten. Der Moment der Angst wird nicht benannt, stattdessen wird dem Kind vermittelt, dass es ihm doch gut geht. Falls das Kind nun als Reaktion mit einem Lächeln antwortet, wird es für dieses Verhalten Lob/Zuwendung von seinem Vater erhalten. Eine Gefühls-Zuschreibung vermittelt dem Kind, dass sein echtes gespürtes Gefühl nicht stimmt. Erhält es öfters diese Botschaft, gelangt das Kind zu der Überzeugung „mit mir stimmt wohl etwas nicht." Diese Gedanken fördern, ebenso wie die Erlaubnisse und Verbote, die entwicklungshemmende Grundeinstellung „Ich bin nicht ok., denn meine Gefühle sind nicht richtig – Du bist ok, denn du weißt, was richtig ist". Die Eltern hingegen befinden sich bei einer Zuschreibung in der Position „Ich bin o.k, denn ich weiß, was gut für dich ist. Du bist nicht ok, denn du weißt nicht, was gut für dich ist."

Mit zunehmendem Alter verfestigen sich die Gefühls- Zuschreibungen. Die echten Gefühle hingegen bleiben tief verborgen. Bedingt durch diese Entwicklung liegen sie auf der Skala der emotionalen Bewusstheit ebenfalls unterhalb der Sprachbarriere.

- **Lernen am Modell** (vgl. S. 7); Die Kinder verinnerlichen die (Ersatz-) Gefühle, die sie bei ihren Eltern oder nahen Bezugspersonen beobachten. Dies gilt besonders für die gleichgeschlechtlichen Elternteile. Wenn z.B. ein Junge bei seinem Vater beobachtet, dass dieser in Angst auslösenden Situationen vorgibt, keine Angst zu haben, wird er mit großer Wahrscheinlichkeit Bewunderung für seinen „starken" Vater empfinden. Dementsprechend ist er motiviert, das vorgelebte Verhalten zu übernehmen und es ebenfalls in entsprechenden Situationen nachzuahmen. Der Vater wiederum wird seinem Sohn hierfür Beachtung und Zuwendung geben, („Wir zwei sind „richtige" Männer")

Ein Mädchen, welches seine Mutter als eher ängstlich und angepasst erlebt, ist geneigt, dieses Verhalten zu übernehmen. Besonders dann, wenn diese Nachahmung von der Mutter positiv verstärkt wird. In der Pubertät grenzt sich die Tochter dann vielleicht von ihrer Mutter ab, indem sie sich genau entgegengesetzt verhält. Wenn sie noch Zugang zu ihrem Basisgefühl Wut hat, wird sie dieses u. U. in einer übersteigerten Form als heftige Rebellion ausleben.

Wie können wir nun im zwischenmenschlichen Kontakt echte Gefühle von den Ersatzgefühlen unterscheiden lernen?

„Echte Gefühle und Wahrnehmungen sind Antworten im Hier und Jetzt auf innere und äußere Stimuli." (Fanita English in „Transaktionsanalyse," S. 100)

Die Gefühle beziehen sich direkt auf die augenblicklich erlebte Situation und werden auch dementsprechend nach außen gezeigt.

Eine weitere wirksame Unterstützung bei der Differenzierung zwischen echten Gefühlen und Ersatzgefühlen besteht in der Erkenntnis, dass authentische Gefühle eine zeitliche Dimension haben.

In der „Zeitdimension der Gefühle" wird dieser Aspekt näher erläutert.

3.3.1 Die Zeitdimension der Gefühle nach George Thomson

Die **Zeitdimension der Gefühle** von George Thomson, einem amerikanischen Transaktionsanalytiker, ergänzt auf wirksame Weise das bewusste Wahrnehmen, Differenzieren und Ausdrücken der Gefühle und ist somit eine sinnvolle Verbindung zur Skala der emotionalen Bewusstheit.

G. Thomson entwickelte dieses Modell, um echte (funktionale) Gefühle von Ersatzgefühlen zu unterscheiden. Er bezieht sich dabei auf die in der Transaktionsanalyse üblichen vier Basis- oder Grundgefühle Freude, Angst, Wut und Traurigkeit.

Grundgefühl	Zeitperspektive	Funktion	Hilfreiche Resonanz von Aussen
Freude	Gegenwart, Vergangenheit, Zukunft	Aktivieren von Lebensenergie	Anteil nehmen
Angst	Zukunft	Schutz suchen vor Bedrohung	Schutz bieten
Wut	Gegenwart	Die Energie auf die Veränderung eines aversiven Zustandes hin richten	ernst nehmen
Traurigkeit	Vergangenheit	Verlust verarbeiten, loslassen von nicht mehr Änderbarem	Anteil nehmen

Authentische Gefühle besitzen nach Thomson eine charakteristische zeitliche Dimension und wirken somit problemlösend (funktional). Ihre

Äußerung erleichtert und sie klingen allmählich ab. Wenn z.B. Andreas Angst bezüglich des bevorstehenden Arztbesuches verspürt, ist das augenblicklich empfundene Gefühl auf die Zukunft gerichtet. Wenn nun die Mutter oder eine andere Bezugsperson mit ihm über das bevorstehende Ereignis spricht und dabei die Furcht auslösenden Gedanken wahr- und ernst nimmt, fühlt sich Andreas beschützt. Die empfundene Angst wird sich dadurch reduzieren.

Das Gefühl Wut bezieht sich auf die Gegenwart. Pauline will heute nicht in den Kindergarten gehen. Sie möchte lieber zu Hause bleiben. Als die Mutter sich im Kindergarten von ihr verabschiedet, legt sich Pauline auf den Boden, strampelt mit ihren Füßen und schreit. Die Erzieherin setzt sich in Paulines Nähe und sagt zu ihr: „Ich kann verstehen, dass du jetzt wütend bist. Du wolltest heute eigentlich lieber zu Hause bleiben." Pauline nickt. Sie darf ihre Wut zeigen und spürt, dass ihr Gefühl ernst genommen wird.

Das Gefühl Trauer ist mit der Vergangenheit verbunden. Es geht darum, Erfahrungen von Verlust zu verarbeiten. Als Annes Mutter in die Schule kommt, um ihre Tochter abzuholen wirkt sie sehr traurig. Annes Lehrerin nimmt dies wahr und fragt behutsam nach. Der Mutter treten Tränen in ihre Augen. Sie ist traurig, weil letzte Nacht ihr Hund gestorben ist. Die

Lehrerin nimmt sich ein paar Minuten Zeit, um mit Annes Mutter über ihren Verlust zu sprechen. Der Spruch „Geteiltes Leid ist halbes Leid" verdeutlicht, dass Anteilnahme hilft, die Trauer zu verarbeiten.

Das Gefühl Freude bezieht sich auf Vergangenheit, Gegenwart und Zukunft. Wenn wir uns an schöne vergangene Erlebnisse erinnern, befinden wir uns in der Vergangenheit. Wir können uns jedoch auch auf ein zukünftiges Ereignis freuen, z.B. auf einen bevorstehenden Urlaub, oder im Hier und Jetzt Freude empfinden.

Bei dem Gefühl Freude spüren wir Lebendigkeit, Lebenskraft und Beweglichkeit. Dadurch entsteht auch das Bedürfnis, sie anderen mitzuteilen. Freude zu teilen schafft Gemeinschaft, belebt Beziehungen und ist eine wichtige Stimulation für produktive Lernprozesse.

Bei der Äußerung von Ersatzgefühlen wird die zeitliche Bedingung unproduktiv verknüpft und es ergibt sich daher keine wirkliche Problemlösung. Wenn z.B. ein erwachsener Mensch noch viel Wut über Konfliktsituationen aus ihrer Kindheit verspürt, ist die zeitliche Perspektive verschoben. Wut gehört zur Gegenwart. Vermutlich wurde er als Kind mit seiner empfundenen Wut nicht ernst genommen, er konnte die Wut nur unzureichend oder gar nicht ausagieren. Daher liegt mit großer Wahrscheinlichkeit unter der Wut noch ein anderes Gefühl, meist Trauer verborgen. In therapeutischen Prozessen wird daher in solchen Fällen zuerst der Traurigkeit Raum gegeben, um die schmerzhaften Erfahrungen der Nichtbeachtung verarbeiten zu können.

„Sind aber Gefühle nicht zeitlich geordnet, so können sie nicht zweckmäßig sein. Angst wegen der Vergangenheit, Traurigkeit über die Zukunft und am häufigsten Zorn/Wut auf die Vergangenheit sind unzweckmäßig und können als Ersatzgefühle bezeichnet werden." (George Thomson in „Angst, Zorn und Traurigkeit," Artikel in der Zeitschrift für Transaktionsanalyse, 2-3/89, S.59-67)

Anhand der Tabelle von G. Thomson wird deutlich, dass beim Spüren und Ausdrücken der Gefühle die hilfreiche Resonanz von Außen ein wichtiger Faktor darstellt. Natürlich kann ich mich in meinem „stillen Kämmerlein" auch für mich alleine freuen. Doch wenn ich meine **Freude** mit einer interessierten Person teilen kann, ist dies innerlich befriedigender. Wenn ich einer anderen Person in einer geschützten Atmosphäre von meiner

Angst erzähle, kann sich der innere Druck lösen, die Gedanken werden wieder klarer. Bei **Wut** ist es zuerst einmal wichtig, sein Gegenüber ernst zu nehmen. Manchmal genügt schon die Wertschätzung oder Beachtung dieses Gefühls, damit die andere Person wieder durchatmen kann. („Ich merke, dass du jetzt gerade ziemlich wütend bist.") Eine Veränderung des widerwilligen Zustandes ist manchmal erst zu einem späteren Zeitpunkt möglich. Und zuweilen gibt es auch Grenzen oder Regeln, die letztendlich akzeptiert werden müssen, weil sie nicht veränderbar sind.

Die unterstützende Anteilnahme von außen ermöglicht bei empfundener **Trauer** das Loslassen, die Verarbeitung von Verlusterfahrungen.

Das Äußern von Ersatzgefühlen löst bei dem Gegenüber kein Bedürfnis nach emphatischem Mitschwingen aus, sondern eher ein Unbehagen oder Irritation, zuweilen auch Ärger. Wenn ich z.B. bei dem Weinen eines Kindes wenig Empathie empfinde, ist bei der sichtbaren Trauer die Wahrscheinlichkeit eines darunter liegenden Gefühles gegeben. Anhand der Gefühle-Scheibe, (siehe S. 104) und in einfühlsamen Gesprächen mit dem Kind kann die eigene Wahrnehmung und das gezeigte Gefühl des Kindes überprüft werden.

„Ehrliches Feedback einzuholen ist notwendig, wenn wir die Genauigkeit unserer emotionalen Wahrnehmung erhöhen wollen. Wir werden auf die Gefühle anderer aufmerksam und können deren Intensität und Ursprung bestimmen. (Claude Steiner in „Emotionale Kompetenz," S. 61)

Das Durchleben echter Gefühle trägt zur Problemlösung bei und bewirkt früher oder später einen Gefühlswechsel. Ersatzgefühle bewirken keine Lösungsmöglichkeit und verweilen merklich länger bei der betreffenden Person. Bildlich dargestellt könnte man es auch folgendermaßen ausdrücken: Beim Durchleben eines echten Gefühls durchschwimme ich einen See und komme nach einiger Zeit am anderen Ufer an. Beim Durchleben eines Ersatzgefühles schwimme ich eher in einem Sumpf. Ich komme nur schwerlich vorwärts, etwas zieht mich nach unten, ich brauche sehr lange, um wieder heraus zu kommen.

Neben Ersatzgefühlen können – oft unbewusst verlaufend – auch körperliche Beschwerden, (z.B. Kopf- oder Magenschmerzen, Zähneknirschen, bei Erwachsenen hoher Blutdruck), Verhaltenseigentümlichkeiten, (extrem leistungsorientiertes Verhalten, ziellose Aktivität) oder psychische Erkrankungen wie Essstörungen, Depressionen als „Ersatzlösung" für die nicht wahrgenommenen und geäußerten authentischen Gefühle genutzt werden.

F. English hat auf die Bedeutsamkeit der Arbeit mit den authentischen Gefühlen hinsichtlich der Persönlichkeitsentwicklung im pädagogischen Arbeitsbereich hingewiesen:

„Da Ersatzgefühle sich schon sehr früh in der kindlichen Entwicklung manifestieren, kann ein Lehrer oder ein Erzieher, der ein solches Ersatzgefühl erkennt, eine ganze Menge dazu tun, dass es sich nicht verfestigt und entwickelt. Er leistet damit einen wertvollen Beitrag zur Psychohygiene und Neurosenprävention." (Fanita English in „Transaktionsanalyse", S. 98)

Ein wichtiger Aspekt beim Spüren und Ausdrücken von Gefühlen in Kindergarten und Schule ist die Anerkennung der Loyalität der Kinder zu ihren Eltern. Ich vermittele den Kindern, dass im Kindergarten ein Raum ist, in dem „alle Gefühle gespürt und gezeigt werden dürfen." Die familiären Gegebenheiten im Umgang mit Gefühlen werden von mir ohne Abwertung akzeptiert. Damit biete ich den Kindern eine freie Wahl- und Entscheidungsmöglichkeit in Bezug auf das Wahrnehmen und Zeigen ihrer Gefühle.

Ebenso ist es pädagogisch sinnvoll, das Äußern von authentischen Gefühlen mit positiver Zuwendung zu verstärken: („Ich finde es toll, dass du mir jetzt von deiner Wut erzählst"), sowie auch die Auseinandersetzung mit dem das Gefühl auslösenden Ereignis.

Durch die Differenzierung ihrer Gefühlswahrnehmung lernen Kinder (und Erwachsene), ihre Gefühle zu spüren, mitzuteilen und erkennen mit der Zeit auch den Ursprung der Gefühle (vgl. Skala der emotionalen Bewusstheit, S. 78)

Mit der Erlaubnis, das augenblickliche Grundgefühl bewusst wahrzunehmen und zu benennen, kann das darüber gelegte „künstliche" Gefühl in den Hintergrund treten.

Mit dem nachfolgend beschriebenen Angebot der „Gefühle-Scheibe", Gefühle-Stühle und des „Power-Projektes" als praxisbezogene Umsetzungsmöglichkeit bekommen die Kinder die Erlaubnis, ihre ursprünglichen, echten Gefühle zu spüren und auf verbalem, sowie auch nonverbalem, körperlichem Weg auszudrücken.

Für die Erlaubnis der differenzierten Gefühlswahrnehmung brauchen die Kinder von ihren Bezugs- oder Lehrpersonen eine schützende Atmosphäre für die offenen Gespräche über ihre momentane Befindlichkeit.

„Dazu brauchen wir eine Umgebung, die das Gespräch über Gefühle fördert und ermutigt. Wir brauchen Menschen, denen gegenüber wir uns öffnen können und die uns gegenüber offen sind." (Claude Steiner in „Emotionale Kompetenz", S. 55)

Auch hier zeigt sich wieder die Bedeutsamkeit einer wertschätzenden, sich gegenseitig respektierenden Grundhaltung und die Kultivierung einer die Entwicklung- und Beziehung fördernden Zuwendungskultur.

Bevor ich über praktische Umsetzungsmöglichkeiten im Erziehungsalltag mit Kindern berichte, möchte ich Sie wieder zu einer kurzen Selbstreflexion über das Wahrnehmen und Ausdrücken der eigenen Gefühle einladen:

- Welche Gefühle nehme ich im Laufe eines Tages bei mir wahr?
- Gibt es dabei ein Gefühl, das ich öfters spüre? (Wenn ja, welches Gefühl ist das?)
- Wie reagiert mein Köper, wenn ich Freude, Trauer, Wut oder Angst in mir fühle?
- In welchen Körperteilen spüre ich die verschiedenen Gefühle?
- Tausche ich mich mit einer mir vertrauten Person über meine Gefühle aus?

3.4 Die Förderung von emotionaler Kompetenz im pädagogischen Alltag mit Kindern

Bei der Differenzierung und Verfeinerung der Gefühlswahrnehmung, (S. 78, „Skala der emotionalen Bewusstheit"), in der pädagogischen Arbeit mit Kindern beziehe ich mich ebenfalls auf die schon erwähnten vier Grund- oder Basisgefühle Freude, Trauer, Angst und Wut. Die Kinder sollen motiviert werden, anhand der Gefühle-Scheibe ihre Gefühle wahrzunehmen und zu zeigen, anstatt sie zu überspielen oder zu verdrängen. Das bewusste Spüren und Ausdrücken der Gefühle bewirkt eine Reduzierung von entwicklungshemmenden Denk- und Verhaltensweisen, die manche Kinder im Umgang mit Gefühlen verinnerlicht haben. Dieser Prozess fördert die individuelle Persönlichkeitsentwicklung und das Sozialverhalten in der Gemeinschaft.

3.4.1 Die Gefühle-Scheibe

Ein großer Kreis (Durchschnitt ca. 60cm) aus fester Pappe wird in vier gleiche Teile unterteilt. In jedes Viertel klebt man anschließend ein Gesicht, welches jeweils eines der vier Grundgefühle darstellt. Gegebenenfalls können die Kinder auch die vier entsprechenden Gefühle-Gesichter malen. Mit einem Nagel kann die „Gefühle-Scheibe" anschließend für die Kinder gut erreichbar an der Wand befestigt werden.

Größere Kinder schreiben nun auf eine Holzklammer ihren Namen, jüngere Kinder können auch ein bildliches Symbol wählen, welches auf der Klammer festgeklebt wird.

Im Kindergarten oder in der Schule kann die Gefühle-Scheibe in der Gruppe z.B. in einem Erzählkreis eingeführt werden. Als Einstieg eignet sich das „Gefühle-Lied" „Wenn du glücklich bist, dann klatsche in die Hand". Dieses Lied gibt den Kindern die Erlaubnis, Gefühle zu spüren und zeigen zu dürfen. In dem Refrain „Zeig mir, wenn du bei mir bist, wie dir so zumute ist"* wird diese Erlaubnis besonders deutlich genannt.

Mir ist allerdings aufgefallen, dass das Grundgefühl Angst in dem Lied nicht thematisiert worden ist. Mit den Kindern zusammen habe ich – unter der Einbeziehung der Zeitdimension der Gefühle nach G. Thomson – im Kindergarten eine „Angst-Strophe" als Ergänzung hinzu gedichtet.

Eine pädagogisch sinnvolle Ergänzung bietet das Bilderbuch „Ich und meine Gefühle" von Holde Kreul. Die Illustrationen, sowie die dazu passenden Texte laden ein, mit den Kindern über Gefühle ins Gespräch zu kommen. Eine Möglichkeit ist, die Kinder beschreiben zu lassen, was sie auf den Bildern sehen und den Bezug zu den eigenen Gefühlen dabei herzustellen. Diese Herangehensweise wird auch von der Autorin be-

* siehe Anhang

stätigt. In ihrem Vorwort an die „Erwachsenen" schreibt sie: *„Dieses Buch lädt zum Gespräch ein. Es will Kindern die Möglichkeit geben, sich mit den eigenen Gefühlen auseinander zu setzen, sich wieder zu erkennen und eigene Reaktionen zu überprüfen. Es will aber auch Mut machen, zu allen Gefühlen zu stehen." (Holde Kreul in „Ich und meine Gefühle," Loewe Verlag)*

Danach beschreiben die Kinder die vier auf der Gefühle-Scheibe abgebildeten Gefühle-Gesichter. Bei der anschließenden Erzählrunde darf jedes Kind je nach seiner augenblicklichen Befindlichkeit seine Klammer an dem entsprechenden Gefühle-Gesicht feststecken. Die Kinder dürfen sich dabei gegebenenfalls noch einmal eingehend die auf den vier Gesichtern dargestellten Gefühle anschauen. Anhand der bildlichen Darstellung der Gefühle können alle noch einmal ihr verbalisiertes Gefühl überprüfen: Bin ich wirklich traurig oder eher wütend? Was spüre ich im Augenblick am meisten in mir?

Auch ich und meine Kollegin befestigen jeweils eine eigene Klammer an der Gefühle- Scheibe. Bei der Entwicklung von emotionaler Kompetenz habe ich für die Kinder eine Vorbildfunktion, (Lernen am Modell).

Wird die Gefühle-Scheibe von einer größeren Kindergruppe genutzt, ist es sinnvoll, mit den Kindern zusammen einige Regeln für die Benutzung zu vereinbaren:

- Die Gefühle-Scheibe darf lediglich beim Anstecken der Klammer vorsichtig gedreht werden. Schnell drehen oder nur mal so aus dem Zeitvertreib drehen ist nicht erlaubt, da sonst der Nagel locker wird und die Scheibe runterfällt.
- Die Nutzung der Gefühle-Scheibe ist für jedes Kind freiwillig.

- Jedes Kind ist für seine Symbolklammer verantwortlich. Die Klammer eines anderen Kindes darf nur auf dessen ausdrücklichen Wunsch hin an der Scheibe befestigt werden.
- Meine Aufgabe ist es, kurz vor Dienstschluss alle Klammern zu entfernen und in eine für die Kinder gut erreichbare Schachtel zu legen.

Im Kindergarten ist die Gefühle-Scheibe von den Kindern recht schnell in den Tagesablauf integriert worden. Wenn sie morgens in den Gruppenraum kommen, holen viele gleich ihre Symbolklammer und befestigten sie an einem Gefühle-Gesicht.

„Erst mal muss ich meine Klammer festmachen“, sagte H. zu ihrer Mutter, als diese mit ihr den Gruppenraum betritt. „Heut bin ich fröhlich, weil die Oma nachher kommt“, teilt sie mir und ihrer Mutter mit.

Die Kinder bemerken auch schnell, dass sich ihre Gefühle im Laufe des Vormittags manchmal veränderten.

Kaan hat z.B. seine Klammer an das lachende Gesicht gesteckt. Später gab es im Turnraum Streit um ein Dreirad. Ich höre zufällig, wie er zu dem am Konflikt beteiligten Jungen sagt: „Jetzt gehe ich gleich hoch und stecke meine Klammer an wütend. Ich bin nicht mehr fröhlich.“

An solchen Sätzen wird deutlich, dass auf der Skala der emotionalen Bewusstheit die Sprachbarriere überwunden ist und eine differenzierte Wahrnehmung der unterschiedlichen Gefühle stattfindet. Im Erzählkreis kann die Mehrzahl der Kinder ihr augenblickliches Gefühl benennen und einen Bezug zum Ursprung des Gefühls herstellen, (Kausalität).

Im Dialog miteinander entwickelt sich mit der Zeit Einfühlungsvermögen und ehrliches Feedback.

Durch das Spüren und Mitteilen der authentischen Grundgefühle entsteht Raum für Bewusstheit und Intimität und somit die Förderung von persönlichem Wachstum in Richtung Autonomie. Mit der bildlichen Darstellung der Gefühle auf der Gefühle-Scheibe erhalten die Kinder auch die Möglichkeit, ihre Gefühle mir und der Gruppe auf nonverbale Weise mitzuteilen. Ein Beispiel hierfür ist H. Sie befestigt eines Morgens wortlos ihre Symbolklammer bei dem ängstlichen Gesicht. Als ich sie später am Maltisch vorsichtig darauf anspreche, will sie nicht darüber sprechen. Etwas später fragt sie mich beiläufig, wie viele Kinder heute zum Essen bleiben werden. In diesem Augenblick habe ich eine Intuition bezüglich ihrer Angst. H. ist an diesem Tag „Gastkind" und bleibt über Mittag im Kindergarten. Diese neue Situation ängstigt sie insgeheim. Ich zähle H. auf, wer an diesem Tag zum Essen bleiben wird und versichere ihr, dass meine Kollegin ebenfalls anwesend ist. Ich bemerke ihren erleichterten Gesichtsausdruck und bestätige ihr, dass solch neue Situationen manchmal ein bisschen Angst auslösen können. H. nickte. Ihre Klammer bleibt den ganzen Vormittag an dem ängstlichen Gesicht haften. Doch ich höre, wie sie später zu einigen Kindern sagt: „Ich esse heute mit." Auf diese Weise setzt sie sich mit ihrer Angst auseinander. Mit Hilfe der Gefühle-Scheibe kann ich ihre Angst wahrnehmen, sie einfühlend in dieser Situation begleiten und ihr damit den entsprechenden Schutz geben. H. traut sich, mir und der Gruppe nonverbal ihr authentisches Gefühl zu zeigen. Dies wird von mir positiv verstärkt („Ich finde es klasse, dass du an der Gefühle-Scheibe zeigst, wie du dich gerade fühlst.").

Ein paar Tage später kommt H. während des Vormittags zu mir und sagt: „Heute bin ich traurig, weil meine Oma wieder nach Hause fährt." (Besagte Oma ist mehrere Tage zu Besuch gewesen).

So wie H. nutzen auch die anderen Kinder aus der Gruppe die Gefühle-Scheibe und es entsteht ein reger Austausch über die unterschiedlichen Gefühle, in welchem auch die das Gefühl auslösende Situation meist klar benannt wird.

„Jede unserer Emotionen hat eine bestimmte Ursache und ist normalerweise mit dem Verhalten anderer verknüpft. Um emotional kompetent zu werden, müssen wir den Ursprung unserer Gefühle verstehen lernen." (Claude Steiner in „Emotionale Kompetenz," S. 106)

Hierbei eignet sich die Gefühle-Scheibe als eine pädagogisch unterstützende Maßnahme, mit deren Begleitung im Gespräch die Ursache der entstandenen Gefühle näher erkundet werden kann. Gleichzeitig bietet sie eine effektive Interventionsmaßnahme gegen die Bildung oder Verstärkung von Ersatzgefühlen.

An dieser Stelle möchte ich das Beispiel von Martin noch einmal aufgreifen:

Während einer Geburtstagsfeier in der Gruppe beginnt Martin plötzlich zu weinen. Auf meine Frage, weshalb er so traurig sei, antwortet er: „Die Beate soll neben mir sitzen".
Meine Kollegin hat jedoch besagtem Mädchen schon einen anderen Sitzplatz bereitgestellt. Ich spüre in diesem Augenblick nur eine begrenzte Empathie für Martins Traurigkeit. In einem ersten Schritt signalisiere ich Martin, dass ich seine Traurigkeit ohne Wertung wahrnehme. „Du bist traurig, weil die Beate nicht neben dir sitzt". Als er bejahend nickt, frage ich ihn behutsam: „ Könnte es neben der Traurigkeit auch noch ein anderes Gefühl in dir geben?"

Martin folgt meinem Blick, der zu der Gefühle-Scheibe wandert.

Er nickt langsam und sagt: „Vielleicht bin ich auch noch ein bisschen wütend."

„Ich kann gut verstehen, wenn du auch ein bisschen wütend bist", signalisiere ich ihm. Und er erhält von mir die Erlaubnis, seine Wut auch zeigen zu dürfen. „Wenn du magst, darfst du einmal mit dem

Fuß aufstampfen und laut sagen: Ich bin wütend". Martin nimmt mein Angebot an. Er stampft mit seinem Fuß auf und sagt: „Ich bin wütend, weil die Beate nicht neben mir sitzen kann!"

Noch ein weiteres Beispiel:

Kaan, ein fünfjähriger türkischer Junge erhält zu Hause als Einzelkind von seinen Eltern tendenziell ebenfalls mehr Beachtung, wenn er unglücklich ist und weint. Im Kindergarten zeigt er eine ähnliche Verhaltensweise. Seine Klammer steckt oft bei dem traurigen Gesicht.

Mit Unterstützung der Gefühle-Scheibe lernt Kaan, seine Gefühle differenzierter wahrzunehmen und sie anderen Kindern verbal mitzuteilen. Bei seinen Mitteilungen über die augenblickliche Befindlichkeit achte ich auf den Wortlaut und die nonverbalen Signale, seine Körpersprache. Passen die gezeigten körperlichen Reaktionen zu dem geäußerten Gefühl oder stimmen sie nicht überein? Nach einem Fußballspiel im Turnraum befestigt Kaan seine Klammer an dem traurigen Gesicht. Im Erzählkreis sagt er: „Ich bin traurig, dass wir bei dem Fußballspiel verloren haben." Seine Stimme klingt dabei eher heftig und er kreuzt seine Arme vor der Brust. Ich spüre eine verhaltene, unterdrückte Wut in seinen Worten und frage ihn: „Kann es sein, dass du auch ein wenig wütend bist, weil ihr das Spiel verloren habt?"

Kaan nickt.

„Magst du mir mal zeigen, wie groß deine Wut ist?", frage ich ihn weiter. Dann halte ich meine Handinnenflächen mit etwas Abstand auseinander. Kaan deutet mit seinen Handflächen einen Abstand von ca. 30 cm an. Ich nicke ihm bestätigend zu: „Ja, ich kann mir gut vorstellen, dass du auch wütend bist. Ich an deiner Stelle wäre vielleicht auch wütend." Kaan ballt die Hände zu Fäusten, stampft mit dem Fuß auf und sagt mit erhobener Stimme: „Ja, ich bin ziemlich wütend, weil wir bei dem Spiel verloren haben. Ich wollte nämlich gewinnen! Und ein klein bisschen traurig bin ich auch noch." Dabei zeigt er mit seinen Handflächen einen Abstand von ca. 10 cm an.

Die Intensität des Gefühls mit den Händen zu verdeutlichen, hat sich in meiner Kindergartengruppe als sinnvolle Methode bewährt. Indem die Kinder mir mittels Handabstand zeigen, wie stark ihr jeweiliges Gefühl gerade ist, werden sie von mir ernst genommen, der (Lern-) Prozess wird positiv verstärkt.

Bei der Vermutung eines Ersatzgefühles ist es wichtig, das zuerst geäußerte Gefühl wahrzunehmen und wertzuschätzen und in einem zweiten Schritt durch behutsames Nachfragen zu einem weiteren Nachspüren anzuregen.

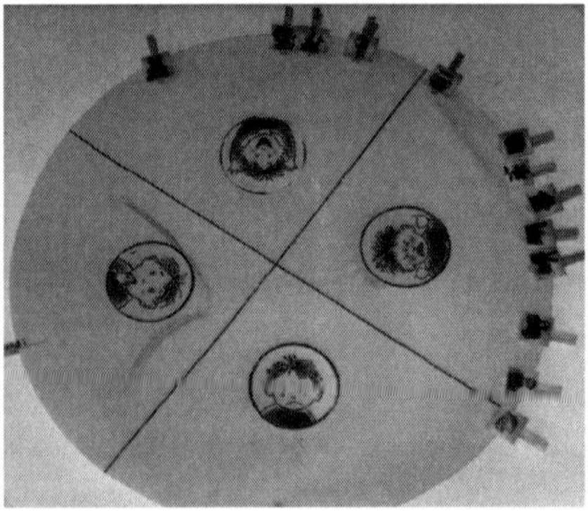

3.4.2 Die Gefühle-Stühle

Eine weitere kreative Umsetzungsmöglichkeit zum Spüren und Ausdrücken authentischer Gefühle ist die Gestaltung und Nutzung der Gefühle-Stühle. Hierbei geht es darum, für jedes der vier Grundgefühle einen entsprechenden Stuhl zu gestalten. Die Kinder können reihum Vorschläge über den farblichen Anstrich der Stühle machen, danach wird abgestimmt.

Für die kreative Umsetzung werden vier Kinderstühle aus Holz benötigt, (Größe der Kinder dabei beachten), sowie die ausgesuchten Farben und passende Pinsel.

Hier ein Praxisbeispiel mit fünf- bis sechsjährigen Kindern aus dem Kindergarten:

Vier etwas ältere, jedoch noch gut erhaltene Holzstühle werden von den Kindern bei schönem Herbstwetter im Außengelände mit Schmirgelpapier bearbeitet. Nachdem der Klarlack weitgehend entfernt ist, (zuletzt mit Hilfe einer Schleifmaschine) gibt es den ersten Anstrich mit weißer Grundierungsfarbe. Da fast alle Kinder streichen wollen, bilde ich Kleinstgruppen, damit möglichst viele Kinder mitarbeiten können. Bei dem Zweitstrich streichen die Kinder die Stühle mit den vorher abgesprochenen Farben an. Der Wutstuhl erhält ein grelles Rot, für den Trauerstuhl wählen die Kinder eine mittelblaue Farbe (welche mit den Tränen in Verbindung gebracht wird), der Angststuhl bekommt einen pechschwarzen Anstrich und der Freudestuhl wird zweifarbig angemalt. Da die Kinder gelb und weiß passend finden, einigen sie sich auf gelbe Beine und gelbe Lehne, während die Sitzfläche weiß bleibt. Nach dem Trocknen der Farbe malen vier ältere Kinder mit weißer Farbe das passende Gefühle-Gesicht auf die Sitzfläche der einzelnen Stühle. Beim Streichen (und Zuschauen) entstehen noch einmal intensive Gespräche über das Spüren und Ausdrücken der Gefühle.

Thomas: „Wenn ich wütend bin, schrei ich manchmal ganz laut.";

„Manchmal wird man rot im Gesicht, wenn man ganz doll wütend ist." (Paula);

„Manchmal hab ich nachts im Bett Angst, weil alles dunkel ist." (Sascha);

„Wenn ich mal sehr traurig bin, muss ich viel weinen. Dann laufen mir ganz viele Tränen über das Gesicht. Dann wird mein Gesicht richtig nass. Deshalb passt die blaue Farbe zur Traurigkeit. Das sind die vielen Tränen." (Christian);

„Auf den Freudestuhl mal ich ein lachendes gelbes Gesicht. Weil die Sonne auch gelb ist. Und wenn man sich freut, ist es, wie wenn die Sonne scheint. Außerdem mal ich noch zwei Arme dazu. Wenn ich mich ganz doll freue, dann hüpfe und springe ich nämlich." (Fabian)

Ich hatte geplant, die Stühle einzeln mit einem zum jeweiligen Gefühl passenden Bilderbuch oder einer Geschichte an vier aufeinander folgenden Tagen im Stuhlkreis einzuführen. Doch die Kinder kommen von selbst und fragen, ob sie die Gefühle-Stühle im Erzählkreis gleich mitbenutzen können. „Ich bin heute ganz doll sauer und will mich deshalb im Erzählkreis auf den Wutstuhl setzen." (Tarik);

Fabian will sich an seiner Geburtstagsfeier auf den Freudestuhl setzen und ihn somit gleichzeitig als „Geburtstags-Stuhl" während des Geburtstagsrituals einweihen. Auch der Trauerstuhl wird von den Kindern selbst situationsbezogen im Erzählkreis integriert: „Ich würde mich heute gerne auf den Trauerstuhl setzen. Ich bin nämlich ziemlich traurig, weil mein Papa heute Morgen ganz früh weggefahren ist und erst am Wochenende wieder nach Hause kommt." (Florian)

Der Angststuhl wird von den Kindern zwar mit Hingabe angestrichen, aber nicht benutzt. Mit einer passenden kleinen Geschichte, „Geborgen bei meinem Freund“, in welcher es um Angst und sich dabei den entsprechenden Schutz holen geht, beziehe ich den Angststuhl in den Erzählkreis mit ein.

Diese Geschichte eignet sich nach meiner praktischen Erfahrung gut, um mit Kindern über das Gefühl Angst ins Gespräch zu kommen. Ich habe sie in leicht abgeänderter Form aus dem Büchlein *„Ich wünsche dir Geborgenheit“ von Schwester Dorothea Steigerwald, (erschienen im Brendow Verlag)*, übernommen.

„Geborgen bei meinem Freund“

Es ist Nacht. Ich habe Angst. Ich habe geträumt: Da kommt ein großer Sturm! Ich kann den Wind hören. Ich sehe die weißen Wellen. Sie kommen auf mich zu. Sie sind so hoch wie ein Haus. Ich sitze in einem Boot. Die Wellen sind viel größer. Sie kommen in mein Boot. Der Wind schüttelt mein Boot. Ich kann mich nicht mehr festhalten. Die Wellen sind stärker. Ich habe große Angst.

Da bin ich aufgewacht.

Es ist Nacht. Ich rufe nach meinem Vater. Er schläft. Ich steige aus meinem Bett. Ich gehe zu ihm hin. Ich wecke meinen Vater auf, erzähle ihm den Traum und sage, dass ich Angst habe.

Mein Vater legt seinen Arm um mich. Ich bin ganz nahe bei ihm.

Er sagt: „Es ist gut, dass du gekommen bist. Jetzt können wir miteinander sprechen. Du kannst mir alles erzählen. Dann ist die Angst nicht mehr so schlimm.“ Er sagt mir auch noch: „ Jeder Mensch hat Angst. Nicht nur im Traum. Ich habe manchmal auch Angst.

Ich frage meinen Vater: „Und was machst du, wenn du Angst hast?“

Er sagt: „Ich spreche mit einem Freund. Der lacht nicht, denn er hat mich gern. Er versteht mich."

Ich frage meinen Vater: „Ist die Angst dann weg?"

Er sagt: „Nein. Die Angst ist nie ganz weg. Aber sie ist dann nicht mehr so schlimm. Wer einen Freund hat, der ist nicht allein. Der kann sagen: Hilf mir, ich habe Angst."

Ich frage meinen Vater weiter: „Und wer keinen Freund hat?"

Er sagt: „Der ist mit seiner Angst allein. Das ist schwer. Er kann mit niemand darüber sprechen. Jeder braucht einen Menschen, der ihn mag, der ihn versteht und mit ihm spricht. So wie wir jetzt miteinander gesprochen haben. Wie groß ist jetzt deine Angst? Ist sie noch da, oder kannst du wieder einschlafen?"

* * *

Anschließend lasse ich den Erzählstein umgehen und wer möchte, kann über ein Angst auslösendes Ereignis berichten. Ich stelle fest, dass meine in die Gruppe gegebene Erlaubnis, mittels des Angst-Stuhles auch offen über Ängste sprechen zu dürfen, die Kinder zum Erzählen motiviert.

So spricht z.B. Thomas, ein herzkranker Junge im Erzählkreis zum ersten Mal über eine ihm bevorstehende Operation: „Ich will jetzt noch etwas sagen. Nach Weihnachten muss ich wieder nach Gießen ins Krankenhaus. Da krieg ich einen neuen Herzschrittmacher. Das gibt wieder eine große Narbe." (Thomas hat schon mehrere Krankenhausaufenthalte hinter sich, doch bis dahin in der Gruppe kaum davon gesprochen).

Sascha heftet seine Klammer an das Angst-Gesicht.

Als ich ihn vorsichtig darauf anspreche, sagt er: „Heute Nacht hatte ich einen schlimmen Albtraum. Da hatte ich Angst. Ich habe dann die Mama gerufen."

„Wenn du magst, darfst du auch gerne hier im Kindergarten von deinem Traum erzählen", ermutige ich ihn. Sascha nickt. Mit einer leicht angespannten Körperhaltung berichtet Sascha mir und der Kindergruppe von seinem Traum. Ich bestätige ihm, dass es völlig in Ordnung ist, in solch einer Situation Angst zu haben und dass es gut ist, sich in solch einer Situation Unterstützung zu holen. Saschas Körperhaltung entspannt sich bei unserem kurzen Gespräch zusehends. Für die anderen Jungen bietet diese Gesprächssituation die Erlaubnis, auch über ein ungewohntes, eher unterdrücktes Gefühl in der Gruppe sprechen zu dürfen.

Ein Stuhl für die Liebe ...

Im Sommer 2006 nutze ich anlässlich eines Fortbildungs-Workshops über die Entwicklung emotionaler Kompetenz die Gelegenheit, mich mit Claude Steiner über die Gefühle-Scheibe, sowie die vier Gefühle-Stühle auszutauschen. Er schlägt mir vor, gemeinsam mit den Kindern noch einen fünften Stuhl zu gestalten.

„Ich würde an deiner Stelle noch einen Stuhl für die Liebe gestalten. Die Liebe ist letztendlich kein Gefühl; jedoch bildet sie die Basis, der Boden, auf welchem emotionale Kompetenz wachsen kann. Und falls du dich mit den Kindern tatsächlich auf dieses Experiment einlassen solltest, so könnte nach meiner Intuition der Stuhl mit weißer und pinker Farbe angestrichen werden ..."

Zurück im Kindergarten habe ich mit den Kindern über diesen Vorschlag gesprochen. Er findet in der Gruppe großen Anklang. Auf meine Frage, welche Farbe dieser Stuhl erhalten soll, entscheidet die Mehrzahl der Kinder: „Wir streichen den Stuhl mit weißer Farbe an und malen pinkfarbene Herzen darauf". Innerhalb weniger Tage ist der fünfte Gefühle-Stuhl fertig. Unter den Kindern finden interessante Gespräche statt. Sie erzählen sich gegenseitig, wen sie lieb haben. Neben Mama, Papa und Geschwister höre ich leise Worte wie: „Und dann liebe ich noch den Fabian. Den lade ich auch zu meinem Geburtstag ein."

Ein eher zurückhaltender Junge erzählt mir, als er mit mir allein im Gruppenraum ist: „ Weißt du, ich liebe die Anica …"

An unserem Sommerfest benutzt eine Mutter, sichtlich in ein Gespräch vertieft, eher unbeabsichtigt den „Liebe-Stuhl" als Sitzfläche. Ihr Sohn kommt zu mir und sagt: „Meine Mama hat sich auf den Liebe-Stuhl gesetzt. Das bedeutet, dass sie meinen Papa liebt."

Die Kinder gehen sehr offen mit dem Thema Liebe um und berichten auch in ihren Familien über den neuen Stuhl. „So ein Stuhl wäre auch etwas für Erwachsene", sagt eine Mutter zu mir. „Doch leider sind wir nicht mehr so spontan wie unsere Kinder. So vieles wird vom Verstand kontrolliert".

Die Integration des neuen Stuhls für die Liebe in den Gruppenalltag regt die Kinder nach einigen Wochen zu einer inhaltlichen Veränderung der Gefühle-Scheibe an. Sie sind der Meinung, dass die Gefühle-Scheibe erweitert werden muss.

„Es fehlt das Gesicht für die Liebe. Wenn man jemanden ganz doll lieb hat, kann man dort seine Klammer fest machen". (Kristin, 6 Jahre).

Kristin malt, wie die neue Gefühle-Scheibe aussehen könnte:

Mit dem Bilderbuch „Alberta geht die Liebe suchen“ kann das Thema „Liebe“ auf pädagogisch effektive Weise begleitet und vertieft werden. Eine kleine Maus geht die Liebe suchen.

Die Kommentare der Kinder zu der Geschichte sind recht unterschiedlich. „Da ist ein Herz auf dem Stein. Das gehört zu der Liebe“, bis „Die Liebe kann man nicht suchen, sie ist in dem Menschen drin“. Letztendlich geht es darum, mit den Kindern ins Gespräch zu kommen und ihre persönliche Sichtweise über die Liebe zu erfahren.

Mit ihrem offensichtlichen und anhaltenden Interesse haben die Kinder die These von Claude Steiner bestätigt. Die Liebe, das „Herz öffnen“, bildet die Basis für die Entwicklung emotionaler Kompetenz.

„Liebe ist der Kern der emotionalen Kompetenz. Jede Form von emotionaler Intelligenz, die wir erwerben und die nicht mit einem Gefühl der Liebe einhergeht, ist wie eines dieser Fließbandbilder; auf den ersten Blick mag so ein „Kunstwerk“ bestechend wirken, aber es ist keines. Sobald Sie damit begonnen haben, Zuwendung zu geben und anzunehmen, werden Sie auch Ihr Herz öffnen und so die einzig dauerhafte Basis für ein emotional kompetentes Leben schaffen.“ (Claude Steiner in „Emotionale Kompetenz“, S.237)

Abschließend möchte ich bemerken, dass die Gestaltung der Gefühle-Scheibe Gefühle-Stühle bei den Kindern (und mir) auch viel Kreativität aktiviert hat und die Kinder sehr stolz auf „ihre“ farbigen Stühle sind.

„Die fünf Gefühle-Stühle"

Der Stuhl für Freude

Der Stuhl für Trauer

Der Stuhl für Liebe

Der Stuhl für Angst

Der Stuhl für Wut

In der Benutzung der Gefühle-Scheibe sowie der Gefühle-Stühle sehe ich die praxisnahe Umsetzung von zwei wesentlichen pädagogischen Zielen: Durch die emotionalen Lernprozesse, wird die Persönlichkeitsentfaltung der Kinder anregt und eine offene, die Kommunikation motivierende Beziehungsebene gefördert. In dem die Kinder selbst bestimmend einen Stuhl auswählen, auf ihm sitzend in der Großgruppe über ihre augenblickliche Befindlichkeit sprechen und dabei auch die Zeitlänge der Stuhlbenutzung für sich bestimmen, wird ein Raum geschaffen, in welchem Bewusstheit, Spontanität und Intimität im zwischenmenschlichen Kontakt entstehen kann. Es entsteht ein wachstumsfördendes Gruppenklima, es entwickelt sich emotional kompetentes Denken und Verhalten.

In der Skala der emotionalen Bewusstheit nach C. Steiner sind die Kinder bei Einfühlung/Empathie angelangt. Dies zeigt sich u.a. in dem wertschätzenden Umgang der Kinder untereinander und in den persönlichen Entwicklungsprozessen der Kinder.

„Indem wir unsere Emotionen allmählich unterscheiden lernen, ihre Intensität einschätzen und ihren Ursprung erkennen können, verfeinert und strukturiert sich unser Sensorium für die eigenen Gefühle, und gleichzeitig schärft sich unsere Wahrnehmung auch für die Gefühle anderer." (Claude Steiner in „Emotionale Kompetenz", S. 58)

3.4.3 Die Förderung von emotionaler Kompetenz in Schule und Familie

„Ich habe mir zu Hause eine Gefühle-Scheibe" gebastelt. Und ich habe dafür auch zwei Klammern. Weil manchmal zwei Gefühle in mir sind". (Kristin, 6 Jahre)

In Schule und Familie kann mit Unterstützung einer Gefühle-Scheibe die innere Befindlichkeit differenziert wahrgenommen und mitgeteilt werden. Sie bietet eine effektive pädagogische Begleitung bei der Förderung von Entwicklungs- und Lernprozessen. Gleichzeitig hat sie eine unterstützende Funktion für die Klärung von Konflikten.

Im Hinblick auf die Gestaltung von sinnstiftenden Ritualen in Schul- und Familienalltag schlage ich vor, ein bis zwei Mal in der Woche eine Art „Klassen- bzw. Familienkonferenz" einzuführen. Jede Schülerin/Schüler, jedes Familienmitglied kann seine Klammer an der Gefühle-Scheibe befestigen. Danach findet reihum ein offener Austausch über die derzeitige emotionale Befindlichkeit statt. Dabei kann auch nachgespürt werden, ob mehrere Gefühle vorhanden sind und wenn ja, welches Gefühl gerade am intensivsten empfunden wird.

Claude Steiner nennt diesen Austausch „Die Gefühlslandschaft erkunden."

Ich erkunde die abwechslungsreiche und sich zuweilen schnell verändernde Landschaft meiner eigenen Gefühle und erfahre etwas über die mir vielleicht noch etwas fremden Gefühls Landschaften von anderen Personen, mit denen ich in Kontakt trete. Nach dem ersten Schritt „Herz öffnen" (Entwicklung einer persönlichkeits- und beziehungsfördernden Zuwendungskultur) ist dies der zweite Schritt auf dem Weg zur Entwicklung emotionaler Kompetenz.

„Gefühle haben immer auch etwas mit einer Beziehung zu anderen Menschen zu tun. Kinder (und Erwachsene) müssen deshalb ihre eigene Gefühlswelt kennen lernen, um auf andere reagieren zu können. Die eigenen Gefühle wahrzunehmen und verantwortungsvoll mit ihnen umzugehen ist wichtig für das Zusammenleben." (Holde Kreul in „Ich und meine Gefühle")

Bei der Erkundung der Gefühlslandschaft werden die empfundenen Gefühle in Beziehung zu dem eigenen Handeln oder zu dem Handeln anderer Menschen gesetzt. Denn: Es besteht ein Zusammenhang zwischen Gefühlen und Handeln. Unser Reden und Handeln bewirkt bei uns selbst und auch bei anderen Personen eine emotionale Regung. Der bekannte Satz: „Jeder Mensch ist für sein eigenes Wohlbefinden selbst verantwortlich" trifft nur bedingt zu. Ich kann zwar keinem Menschen ein Gefühl „machen", jedoch kann mein Reden oder Handeln durchaus bei ihm ein Gefühl hervorrufen. *„Unser Tun wird in den uns umgebenden Menschen Gefühle auslösen, die diese zu bestimmten Handlungen veranlassen, auf die wir unsererseits mit Gefühlen reagieren, usw. Ein solcher Kreislauf aus Gefühl und Tat kann positiv, aber auch zerstörerisch und von Übel sein." (Claude Steiner in „Emotionale Kompetenz," S. 109)*

Um den Zusammenhang zwischen Handeln und Fühlen nachvollziehen zu können, hat er als unterstützende Methode die „Handlung/Gefühl-Stellungnahme" entwickelt. Diese spielt eine zentrale Rolle bei dem Prozess des emotionalen Lernens.

3.4.4 Die Handlung/Gefühl-Stellungnahme nach Claude Steiner

Bei der Handlung/Gefühl-Stellungnahme geht es um einen Dialog über die eigenen Gefühle, ohne dabei Vermutungen, Urteile oder Anschuldigungen einzubringen. Ziel ist, die Gefühle im Zusammenhang mit der Aktion des Gegenübers zu artikulieren.

Eine sinnvolle Geste ist, diesen Dialog mit einer **Erlaubnis-Frage** einzuleiten. Mit der Frage „Darf ich dir/Ihnen eine Rückmeldung geben/mitteilen, wie ich mich gerade fühle/was mich gefühlsmäßig gerade bewegt?" bereite ich mein Gegenüber auf einen ehrlichen, offenen Dialog vor. Der Sinn dieser Frage ist, eine möglichst geschützte Gesprächssituation herzustellen und auf jede Art von Grenzüberschreitungen und verschlüsselte Botschaften zu verzichten. (Näheres zu Kommunikationsstrategien in Kapitel 4). Wenn mein Gegenüber an einem aufrichtigen Gespräch interessiert ist, wird er/sie eine zustimmende Antwort geben.

Es kann natürlich auch sein, dass die andere Person sich, z.B. aus zeitlichen Gründen, nicht auf ein Gespräch einlassen möchte. Es ist sinnvoll, diese Entscheidung zu respektieren und gegebenenfalls zu einem späteren Zeitpunkt erneut zu fragen.

Bei einer Zustimmung wird nun in einem einfachen Satz beschrieben, welche Gefühle die Handlung der anderen Person in mir selbst auslöst. Die Gesprächsbasis hierfür bilden die wertschätzende Grundhaltung, (++ Grundposition) und die Unterscheidung von Existenz- und Verhaltensebene.

„Handlung/Gefühl-Stellungnahmen können einen Konflikt Schritt für Schritt aufdröseln, indem sie ihn in zwei Komponenten zerlegen: Was ist passiert – was wurde empfunden?" (a.a.O. S. 111, ff)

Bei der Beschreibung ist allerdings darauf zu achten, dass sich keine Vermutungen oder Interpretationen ergeben. Es wird lediglich der Sachverhalt dargestellt. Ein sinnvoller Weg ist, den Satz mit dem Wort „Als …" oder „Wenn …" zu beginnen:

„Als du im Bauzimmer meinen Turm kaputt gemacht hast, bin ich ziemlich wütend geworden."

„Als du mir keine Geschichte vorgelesen hast, war ich traurig"

„Als du das Licht im Flur ausgeschaltet hast, habe ich etwas Angst gekriegt."

Hier wird in einfacher Weise beschrieben, was passiert ist und welches Gefühl diese Handlung bei der beschreibenden Person ausgelöst hat.

„Die Formel ist denkbar einfach: „Wenn du so und so handelst, empfinde ich so und so." (a.a.O. S. 140, ff)

Sobald der Satz mit ausschmückenden Adjektiven ergänzt wird, schleichen sich die ersten Interpretationen oder Beurteilungen ein:

„Als du mit einem provozierenden Lächeln meinen Turm kaputt gemacht hast, ..."

„Als du mir, um mich zu ärgern, keine Geschichte vorlesen wolltest ..."

„Als du mir das Licht im Flur absichtlich ausgeschaltet hast, ..."

Bei einem solchen Satz ist eine Verteidigung im Grunde schon vorprogrammiert. Ergänzende Satzausschmückungen rufen beim Gegenüber Emotionen wie Schuldgefühle (Angst) oder Ärger (Wut) hervor und bewirken die Tendenz, sich verteidigen zu wollen. Bei der Handlung/Gefühl-Stellungnahme gilt es, in einem einfachen Satz zu formulieren, was passiert ist, und das eigene wahrgenommene Gefühl mitzuteilen.

„Bei einer guten Handlung/Gefühl-Stellungnahme muss man sich auf seine eigenen Gefühle konzentrieren und nicht auf Gefühle oder Intentionen, die man dem anderen unterstellt." (a.a.O. S. 112, ff)

Durch die Handlung/Gefühl-Stellungnahme wird eine Atmosphäre geschaffen, *„in der Emotionen rational geäußert werden können. Sie beruhigt erhitzte Gemüter und gibt den Leuten die Möglichkeit, ihre Gefühle in einer Weise auszudrücken, die nicht zu Eskalationen führt. Derartige Stellungnahmen sind die Grundlage für einen produktiven emotionalen Dialog. Sie lassen andere erkennen, dass ihre Gefühle wichtig für uns sind, dass wir ihnen zuhören und sie dessen für wert halten." (a.a.O. S. 115, ff)*

Bei dem Ablauf einer emotional kompetenten Kommunikation wird also im ersten Schritt eine Information ausgesandt.

Der zweite Schritt ist, die Handlung/Gefühl-Stellungnahme anzunehmen. Dies bedeutet, die angebotene emotionale Information zu akzeptieren, ohne dabei als Empfänger in eine Beurteilungs- oder Verteidigungsrolle zu gehen. Die Aufgabe des Empfängers ist es, die geschilderten Gefühle und die auslösende Handlung ohne Wertung zur Kenntnis zu nehmen. Dies kann mitunter schwierig sein. Wir spüren oft die Tendenz, unser Handeln erklären oder verteidigen zu wollen. Stattdessen geht es darum, nachzuvollziehen, welche Gefühle wir in der anderen Person durch unser Handeln auslösen. Natürlich kann es gut sein, dass man selbst in der entsprechenden Situation anders reagiert, ein anderes Gefühl empfunden hätte. Weil Menschen verschiedene Charaktere haben, empfinden sie auch unterschiedlich. Emotionen sind für jeden Menschen subjektiv wahr. Daher hilft es, wenn wir die Aussage unseres Gesprächspartners noch einmal mit unseren eigenen Worten wiedergeben, (paraphrasieren). Das Wiederholen der gegebenen Information erfüllt das Grundbedürfnis nach Zuwendung, (wahrgenommen und akzeptiert werden), und unterstützt das gegenseitige Verstehen. Ein hilfreicher Satzanfang hierbei könnte folgendermaßen lauten:

„Was ich von dir gehört habe, ist ..." Nun erfolgt die sachliche Rückmeldung, was man gehört hat.

„Ich habe (von dir) gehört, dass du ziemlich wütend geworden bist, als ich deinen Turm kaputt gemacht habe."

„Ich habe (von dir) gehört, dass du Angst bekommen hast, nachdem ich im Flur das Licht ausgeschaltet habe."

„Ich habe (von dir) gehört, dass du traurig bist, weil ich dich nicht angerufen habe."

Wenn es passt und für die Beziehung zu dem Gegenüber authentisch ist, kann die Rückmeldung auch empathischer formuliert werden:

„Ich kann verstehen, dass du Angst bekommen hast, nachdem ich ..."

„Ich kann verstehen, dass du wütend geworden bist, als ich …"

„Ich kann verstehen, dass du traurig geworden bist, weil ich …"

Bei einer solchen Rückmeldung fühlt sich die andere Person mit ihren Gefühlen ernst genommen und als Gesamtperson wertgeschätzt.

Bei einer Handlung/Gefühl-Stellungnahme ist es auch möglich, dass eine „Gefühlsmischung" wahrgenommen und ausgesprochen wird, (z.B. Ärger und Angst, Freude und Trauer). Hierbei unterstützt die Differenzierung der Gefühlswahrnehmung. Mit Unterstützung der Gefühle-Scheibe und dem Zeigen durch den Abstand der Hände kann die Intensität der Gefühle nachvollzogen werden, (welches Gefühl empfinde ich gerade wie stark).

Ein solcher Dialog über Gefühle mag vielleicht am Anfang vielleicht etwas künstlich oder aufgesetzt wirken. (Diese Rückmeldung habe ich zu

Hause anfänglich von meinen eigenen Kindern erhalten). Es ist sinnvoll, sich mit den geäußerten Bedenken auseinander zu setzen, denn letztendlich liegt unter solch einer Rückmeldung auch ein grundlegendes Gefühl, nämlich Angst.

Was passiert, wenn ich mich öffne, wenn ich meine Gefühle zulasse und mitteile? Wie geht der andere damit um? Mache ich mich mit solch einem Dialog vielleicht vor anderen lächerlich? Solche Gedankengänge beschäftigen allerdings eher Jugendliche und erwachsene Menschen. Kinder bringen zumeist Offenheit und Neugierde mit. Doch mit der Zeit bewährt sich diese verbal strukturierte Vorgehensweise, denn das Anliegen ist, mein Gegenüber ernst zu nehmen, ihn als Mensch wertzuschätzen und eine von Offenheit geprägte Beziehungsebene zu gestalten.

„Setzt man solche Stellungnahmen richtig ein, wird man nach einer Weile die Gefühlslandschaft, die einen umgibt, deutlicher wahrnehmen können. Man wird begreifen, was die Menschen fühlen, mit welcher Intensität und warum, welche Handlungen anderer mit diesen Gefühlen in Verbindung stehen. Dabei ist es sehr wichtig, zu lernen und zu verstehen, wie wir mit unseren Handlungen die Emotionen anderer Menschen beeinflussen, ohne selbst eine defensive Haltung einzunehmen." (Claude Steiner in „Emotionale Kompetenz", S. 140)

3.4.5 Intuitive Ahnungen offen legen

Bei einer Handlung/Gefühl Stellungnahme wird die eigene Vermutung über Motive und Absichten im ersten Schritt bewusst ausgeklammert. Ist jedoch eine offene, vertrauensvolle Gesprächsbasis geschaffen, können in einem zweiten Schritt auch Vermutungen oder intuitive Ahnungen angesprochen werden. Diese spielen in Beziehungen eine nicht zu unterschätzende Rolle. Denn oftmals haben wir eine Vermutung über die Handlungsweise einer anderen Person. Diese Vermutung wird jedoch tendenziell jedoch nicht offen ausgesprochen. Wir sind eher geneigt, mit einer dritten Person über den „vermutlichen Beweggrund" zu diskutieren und unsere Intuition auf diese Weise bestätigen zu lassen. Meist ist in einer solchen Vermutung ein „**Körnchen Wahrheit**" (Claude Steiner) enthalten.

Wenn wir unsere Intuition bezüglich eines Verhaltens überprüfen, tauschen wir uns mit unserem Gegenüber über unsere intuitiven Gedanken hierzu aus. Ziel ist, in einem gemeinsamen offenen Dialog das „Körnchen Wahrheit" in unserer intuitiven Wahrnehmung herauszufinden. Ein solch ehrliches Gespräch zu führen, ist in unserer Gesellschaft eine eher unübliche Vorgehensweise. Wir versuchen ständig, dass Verhalten von anderen Menschen zu verstehen und einzuordnen. Wir wollen uns aus den oft spärlichen Informationen ein Bild machen, weshalb ein Mensch in einer bestimmten Art und Weise denkt, fühlt oder handelt.

„Da es nicht üblich ist, Leute zu fragen, warum sie so und nicht anders handeln, sind wir dabei auf Intuition angewiesen. Aber so eine vage Sache wie unsere Intuition wird noch keine brauchbaren zuverlässigen Annahmen über Menschen liefern können. Wir müssen sie erst durch gründliche Überprüfung und Modifikation den tatsächlichen Gegebenheiten anpassen. Da vieles in unserem Gefühlsleben dunkel und negativ besetzt ist, neigt unsere Intuition zu paranoiden Schlussfolgerungen. Sie sind deshalb aber nicht völlig wertlos.

Solche negativen Intuitionen können sich jedoch in etwas verwandeln, das ich als paranoide Fantasien bezeichne. Es sind Fantasien, weil sie zum großen Teil nicht zutreffen, und sie sind paranoid, weil sie aus Furcht und Unsicherheit entstehen.(Claude Steiner in „Emotionale Kompetenz", S. 122)

Grundlage für die Überprüfung unserer Intuition ist der Verzicht auf manipulierende Machtspiele in Gesprächen, (siehe Kapitel 4) und, ganz wichtig, wieder die Frage um Erlaubnis.

Hierzu ein Beispiel aus dem Erziehungsalltag:

Alle Kinder beteiligen sich an dem gemeinsamen Aufräumen des Gruppenraumes. Martin sitzt trotz wiederholter Ansprache noch auf dem Teppich und spielt mit einem Auto. Leicht verärgert gehe ich zu ihm und sage: „Martin, darf ich dir sagen, wie ich mich gerade fühle?"

Martin nickt.

„Ich ärgere mich über dein Verhalten. Wir räumen hier alle auf und du spielst noch mit dem Auto. Ich bin gerade ziemlich wütend."

Martin schaut mich an und beginnt plötzlich zu weinen. Meine intuitive Vermutung ist, dass Martin Angst hat. Angst, weil ich meinen Ärger gezeigt habe. Welche Gedanken beschäftigen das Kind? Um das herauszufinden, überprüfe ich das Körnchen Wahrheit in meiner Wahrnehmung. „Martin, darf ich dir sagen, was ich gerade vermute? Ich habe so eine Idee, weshalb du jetzt weinst. Magst du meine Idee hören?"

Martin nickt wieder.

„Ich vermute, dass du weinst, weil du Angst bekommen hast. Ist da ein Körnchen Wahrheit dran?"

Martin sagt nickend ganz leise „Ja."

„Kann es sein, dass du denkst, dass ich dich nicht mehr lieb habe, wenn ich jetzt mit dir schimpfe?", frage ich behutsam weiter.

„Ja", sagt Martin und wieder kullern Tränen aus seinen Augen. Ich merke, wie mein Ärger sich verflüchtigt und stattdessen Empathie entsteht. „Ich kann gut verstehen, dass dir dieser Gedanke Angst macht", sage ich ihm. „Ich war ziemlich wütend auf dein Verhalten, dass du nicht mit den anderen Kindern aufgeräumt hast. Natürlich habe ich dich noch lieb. Sehr sogar."

Martin hört auf zu weinen, steht auf und legt sein Auto ins Regal. „Magst du mal in den Arm genommen werden?", frage ich ihn.

Lächelnd nickt er.

Ich umarme Martin und sage: „Wollen wir eine Abmachung treffen? Immer, wenn ich mal wütend bin und du Angst kriegst, erzählst du mir von deinen Gedanken." Martin nickt.

Einige Tage später spreche ich im Erzählkreis das Thema Aufräumen nochmals an. „Mich ärgert, dass in den letzten Tagen einige Kinder aus der Gruppe beim Aufräumen nicht mithelfen. Dieses Verhalten finde ich den aufräumenden Kindern gegenüber unfair." Martin schaut mich an und sagt: „Aber du hast uns trotzdem noch lieb." Ich nicke ihm bestätigend zu.

Martin hat mir seine (paranoide) Fantasie bezüglich meiner Äußerung von Ärger mitgeteilt. Ich habe die Fantasie auf ihren Wahrheitsgehalt überprüft und damit meine intuitive Wahrnehmung geschärft. Der empathische Dialog zwischen Martin und mir hat unsere Beziehungsebene gestärkt. Auf der Basis von Wertschätzung und Vertrauen kann sich seine Persönlichkeit weiter entfalten.

„Sofern wir unsere Intuition über die Motive anderer nicht offen legen, sind wir auch weiterhin auf Vermutungen angewiesen. So können sich unausgesprochene Vorbehalte in eine Beziehung einschleichen und sie schließlich zerstören. Aus diesem Grund ist es so wichtig, unsere Intuition offen zu legen und zu überprüfen." (a.a.O. S.123, ff)

Ein anderes Beispiel für die Überprüfung der Intuition:

Seit einigen Wochen zeigt Fabian, (5½ Jahre) ein desinteressiertes Verhalten im Erzählkreis. Er wippt auf seinem Stuhl hin und her, flüstert mit seinem Sitznachbarn oder wendet seinen Kopf in eine andere Richtung.

Mich ärgert sein Verhalten, daher spreche ich ihn in einer Handlung/Gefühl-Stellungnahme darauf an. Zur Verdeutlichung befestige ich in einem ersten Schritt meine Klammer an der Gefühle-Scheibe bei dem wütenden Gesicht. Fabian nimmt meine Wut ernst, er kann verstehen, dass sein Verhalten bei mir Wut auslöst. Schließlich befestigt er auch seine Klammer bei Wut. Fabian ist also ebenfalls ärgerlich. Doch weshalb?

Meine Vermutung ist, dass Fabian sich im Erzählkreis zunehmend langweilt. (Fabian ist in Teilbereichen hochbegabt). Wie groß ist das Körnchen Wahrheit in meiner Vermutung?

„Fabian, ich habe so eine Vermutung, weshalb du im Erzählkreis nicht mitmachen willst. Magst du meine Vermutung hören?"

Fabian nickt.

„Ich vermute, dass es dir im Erzählkreis öfters langweilig ist. Das, was wir da besprechen oder spielen, interessiert dich nicht so sehr. Ist da ein Körnchen Wahrheit dran?"

Fabian nickt wieder und sagt: „Ja, genau, mir ist öfters langweilig."

„Und weil dir langweilig ist, magst du nicht mitmachen oder zuhören", frage ich weiter.

Fabian nickt nochmals.

Ich sehe meine Intuition bestätigt. Im weiteren Gespräch befrage ich Fabian nach Themen, die ihn interessieren und die im Erzählkreis einmal besprochen werden könnten.

Natürlich könnte Fabian das Körnchen Wahrheit in meiner Intuition auch leugnen. Dies wäre dann ein Einstieg in eine verdeckte Kommunikation, in der echte Gefühle und Bedürfnisse nicht offen geäußert werden. Kinder sind meist noch spontan, neugierig und zeigen die Bereitschaft, sich mit ihren Gefühlen mitzuteilen und auch intuitive Wahrnehmungen zu äußern. Für erwachsene Menschen wirkt dieses „Herz öffnen" zuweilen noch ungewohnt bis befremdlich. Eine innere Abwehrhaltung hindert uns daran, die Intuition des Gegenüber ehrlich zu überprüfen und gegebenenfalls das „Körnchen Wahrheit" in der intuitiven Ahnung zu bestätigen. Womöglich erscheint uns solch ein Eingeständnis als Zeichen der Schwäche, oder wir haben Bedenken, die Gefühle des anderen zu verletzen. Wenn Menschen über ihre geäußerte Intuition belogen werden, oder sie diese selbst verneinen, wachsen die paranoiden Fantasien, das soziale Klima verschlechtert sich, Persönlichkeitsentfaltung und offene Kommunikationsprozesse werden gehemmt.

„Dagegen ist es für eine Beziehung ausgesprochen klärend, wenn die Wahrheit, die in jeder intuitiven Annahme steckt, erkannt und eingestanden werden kann. (a.a.O. S. 126/127, ff)

Claude Steiner bezeichnet die absichtliche Leugnung der intuitiven Ahnung auch als „emotionale Zurückweisung". Die wertschätzende + + Grundposition wird geschwächt, das Grundbedürfnis nach Zuwendung wird nicht beachtet oder abgewertet.

3.4.6. Verantwortung übernehmen

Ein letzter Schritt bei der Entwicklung emotionaler Kompetenz im pädagogischen und familiären Alltag besteht darin, dass wir Verantwortung für unser Verhalten bzw. Handeln im Umgang mit Menschen übernehmen. Dies bedeutet, sich für begangene Fehler zu entschuldigen. Dieser Schritt ist vielleicht der schwierigste beim Erlernen emotionaler Kompetenz, denn er bedeutet, dass wir uns ehrlich mit uns selbst auseinandersetzen. Verantwortung für begangene Fehler zu übernehmen heißt:

1. dass man sich selbst gegenüber zugibt, einen Fehler begangen zu haben. Jemanden belogen, benachteiligt, verletzt, betrogen oder ungerecht behandelt zu haben. Tendenziell gestehen sich Menschen nicht gerne ein, etwas falsch gemacht zu haben. Wir geraten dann schnell durch unser kritisches Denken in eine abwertende Grundposition: Entweder fühlen wir uns dabei selbst nicht in Ordnung (- +) oder der andere ist eben schuld (+ -).
2. der anderen Person diesen Fehler einzugestehen, indem wir ihn benennen und dabei aufrichtiges Bedauern empfinden. Wichtig ist, der anderen Person dieses Bedauern authentisch zu vermitteln, es mit Worten auszusprechen. „Es tut mir leid, dass ich…" Sich selbst einen Fehler einzugestehen ist meist ein leichterer Schritt, als diesen vor einem Gegenüber zu benennen. Dann gibt es Menschen, die sich verhältnismäßig oft entschuldigen, jedoch zeigen sie keine Konsequenzen oder Veränderungen in ihrem Verhalten. *„Fehler zuzugeben kann eine Kraft spendende, reinigende Erfahrung sein und jemand, der Anspruch auf emotionale Kompetenz erhebt, darf sie nicht auslassen." (C. Steiner in „Emotionale Kompetenz", S. 153)*

3. Verantwortung zu übernehmen bedeutet letztendlich auch, die Bereitschaft zu einer Wiedergutmachung anzubieten. *„Wiedergutmachung bedeutet Wandel. Wenn wir solche Eingeständnisse machen, dann verabschieden wir uns von einem Verhalten, mit dem wir anderen Schmerzen zugefügt haben." (a.a.O. S. 154,ff)*

Die Aufgabe des Gegenübers ist, die angebotene Entschuldigung anzuhören und Verständnis zu signalisieren. „Ich habe gehört/verstanden, dass du gelogen, mich ungerecht behandelt, mir meinen Turm mit Absicht kaputt gemacht, (o. ä.) hast."

Im anschließenden Schritt geht es darum, die geäußerte Entschuldigung zu akzeptieren und Vergebung zu gewähren oder diese im Falle einer starken emotionalen Verletzung vorerst zu verweigern.

Ein Beispiel aus dem pädagogischen Alltag im Kindergarten:

Fabian hat einen Konflikt mit Mike. Dabei haben sie sich gegenseitig ihre kunstvollen Bauwerke zerstört, worüber beide ziemlich wütend und auch traurig sind.

Durch behutsames Nachfragen versuche ich herauszufinden, wie der Konflikt entstanden ist. Fabian wollte sich Mikes Sammelkarten betrachten. Mike mochte sie ihm nicht zeigen. Fabian wurde wütend und schlug Mike. Mike schlug zurück. Daraufhin warf Fabian das aus Legosteinen gebaute Haus von Mike zu Boden. Mike zertrümmerte die aus Steckmaterial konstruierte Raumstation von Fabian.

Nachdem in einer Handlung/Gefühl-Stellungnahme die Wut auslösende Situation besprochen worden ist, geht es darum, Verantwortung für das Handeln, (in diesem Fall die zerstörten Bauwerke), zu übernehmen. Die beiden Jungen geben zu, dass die Zerstörung keine sinnvolle Lösung gewesen ist. Fabian schaut Mike an und sagt: „Entschuldige, dass ich dir dein Legohaus kaputt gemacht habe. Und das ich dich geschlagen habe." Er streckt Mike seine Hand hin.

Mike ergreift die Hand und schüttelt sie. Dann sagt er: „Entschuldige, dass ich dir deine Raumstation kaputt gemacht habe."

Fabian nickt. Auf mein Nachfragen bestätigen beide, dass sie die gegenseitige Entschuldigung angenommen haben. Fabian ist sogar bereit, eine Wiedergutmachung anzubieten: „Wir könnten das Legohaus und die Raumstation zusammen wieder aufbauen."

„Wenn Herz und Verstand zusammenwirken, können wir die feinen Sensoren unserer Gefühle nutzen, um uns selbst, die anderen und die Welt besser zu verstehen. Wenn Herz und Verstand zusammen wirken, kann unser Verstand dieses Wissen nutzen und in Handlungen leiten, die es uns ermöglichen, Beziehungen konstruktiv zu gestalten." (Brigitte Menrad-Killet in „Die Macht der Gefühle, Beiträge zum transaktionsanalytischen Symposium, S. 69)

3.5 „ Ich und meine Wut" – Konstruktiver Umgang mit Aggression als emotionaler Lernprozess

„Wut tut gut" – vielleicht wirkt diese These für manche Menschen etwas provokant. Ich selbst kann mich noch gut erinnern, dass ich als kleines Mädchen eher Angst vor wütenden Personen hatte. Noch heute gibt es in unserer Gesellschaft die Tendenz, dieses energievolle Gefühl rollenspezifisch zu sehen und es entsprechend zu bewerten. Jungen dürfen raufen, ihre Kräfte messen und auch mal wild schreien. Für ein „richtiges" Mädchen passt dieses Verhalten weniger. Mädchen sind eher ein bisschen ängstlich, unsicher und weinen deshalb auch schneller als die mutigen, kraftvollen Jungs. Emotionales Lernen bedeutet, sich in der Pädagogik mit diesem Basisgefühl auseinanderzusetzen, es zu akzeptieren und konstruktiv damit umzugehen. *„Ziel ist, die Aggression, die in jedem von uns vorhanden ist, zu erkennen, zu erleben und dabei zu lernen, ihre Kraft konstruktiv anzuwenden." (George Bach in „Keine Angst vor Aggressionen", S.18).*

Unterdrückte Wut/Aggression schafft Raum für die Bildung von Ersatzgefühlen, es entstehen mit der Zeit psychosomatisch bedingte körperliche Beschwerden. Wut bezieht sich immer auf die Gegenwart, auf ein Erleben im Hier und Jetzt. Die (pädagogisch) hilfreiche Resonanz der Bezugsperson bei gezeigter Wut ist, diese ernst zu nehmen, (siehe Zeitdimension der Gefühle nach G. Tomson).

Aggressives Verhalten begegnet uns täglich, im Kindergarten, in der Schule und in der Familie. Ein Beispiel für ausagierende Aggression ist die im vorigen Kapitel beschriebene Konfliktsituation zwischen Fabian und Mike. Fabian hat sich über Mikes Verhalten geärgert und ihn deshalb geschlagen. Mike schlägt zurück, danach zerstören sie sich gegenseitig ihre Bauwerke. Die vorhandene Aggression wird offen ausgelebt. Bei Mädchen beobachte ich eher die Tendenz, Aggressionen verdeckt zu zeigen. „Heute spiele ich allein mit Sarah. Du darfst nicht mitspielen", sagt Sabine zu Anna. Dabei stützt sie ihre Arme in der Seite ab und sieht Anna herausfordernd an. Anna senkt ihren Kopf und schaut zu Boden. Auch diese Verhaltensweise beinhaltet Aggression, allerdings eher verdeckt ausgelebt. Neben Konfliktsituationen gibt es bei Kindern noch das entwicklungspsychologisch bedingte Bedürfnis, sich mit anderen Kindern zu messen, die eigene Kraft im Kontakt mit einem Gegenüber auszuloten. Diese Funktion erfüllen z.B. die bekannten spielerischen Raufereien.

Als dritte Form von beobachtbarer Aggression gibt es das Bedürfnis, sich selbst in seinem Körper zu spüren und energetisch auszudrücken.

Mit dem Wort „Aggression" wird in der Gesellschaft tendenziell eine negative Einschätzung wie Gewalt oder Angriff verbunden. Aggression bedeutet wörtlich „Herangehen", „Angreifen". Damit verbindet man schnell eine negative Antriebsenergie wie etwa Überfall, Überwältigung. Das Wort Angreifen bedeutet grundsätzlich Berühren. Und Berührung kann durchaus auch positiv und lustvoll sein. Der amerikanische Psychologe George Bach hat sich intensiv mit dem Thema Aggression beschäftigt und vertritt dazu folgende Grundsätze:

- *Wir bejahen den menschlichen Aggressionstrieb, anstatt ihn zu beklagen.*
- *Aggression kann sowohl negativ als auch positiv wirken – es kommt ganz darauf an, wie, wo, wann und auf wen sie angewendet wird.*
- *Das Unheilvollste ist, die Aggressionen zu verleugnen. Denn zweifellos enthalten auch Liebes- und Freundschaftsbeziehungen den Keim zur Aggression, der irgendwann direkt und öfter noch indirekt zur Entfaltung kommt.**

* entnommen aus dem Buch „Keine Angst vor Aggressionen", Seite 7; von Georg R. Bach/ Herb Goldberg Fischer Taschenbuch Verlag

Für den konstruktiven Umgang mit Aggressionen im pädagogischen Alltag geben die Erkenntnisse aus der Gehirnforschung einen wertvollen Hinweis: *„Das emotionale Gehirn kennt den Körper besser als das kognitive Gehirn. Aufgrund seiner engen Beziehung zum Körper ist es oft leichter, über den Körper auf das emotionale Gehirn einzuwirken, als über die Sprache." (D. Servan Schreiber in „Die neue Medizin der Emotionen", S.36/37).*

Gerade das Basisgefühl Wut hat eine hohe energetische Verbindung zum Körper. Dies zeigt sich äußerlich in einer körperlichen Anspannung und einer verkrampften Mimik/Gestik., wie z.B. Hände zu Fäusten ballen, Stirn in falten legen („Zornfalte"). Manche Menschen erröten dabei leicht. Innerlich steigt der Puls, es baut sich Druck auf. Es entsteht das Bedürfnis, diese spürbare Energie nach außen zu bringen, sie auszuagieren. Dies ist grundsätzlich eine sehr gesunde Reaktion. Denn in diesem Augenblick laufen im Körper biochemische Reaktionen ab, die, wenn sie nicht aufgelöst bzw. „entladen" werden, den Körper letztendlich belasten. Wird innerlich gespürte Aggression über einen längeren Zeitraum verdeckt, reagiert der Körper mit der Zeit mit entsprechenden Krankheitsbildern. Muskelverspannungen, hoher Blutdruck bis hin zu seelischen Krankheiten wie Depression können die Ursache von unterdrückter Wut sein.

Die Skala der emotionalen Bewusstheit verdeutlicht, dass Gefühle zuerst körperlich empfunden werden. Diese körperlichen Empfindungen sind dem Bewusstsein meist noch nicht zugänglich, sie verlaufen unbewusst. Durch das energetische Erleben können sie nach Außen gebracht und dann auf der sprachlichen Ebene verbalisiert werden.

Für einen konstruktiven Umgang mit Wut ist es daher sinnvoll, als erstes den in der Gruppe oder der Familie beobachtbaren körperlichen Empfindungen der Kinder einen Raum für das energetische Erleben von Aggressions- bzw. Wutgefühlen zu geben. In einem ritualisierten, nicht zweckgebundenen Abreagieren der gespürten Aggressionen (Katharsis) können die Kinder „Dampf ablassen" oder ihre Kraft (Power) spüren, ohne jemand dabei ernsthaft körperlich zu verletzen.

Für diese körperorientierte Herangehensweise eignen sich spezifische Methoden aus dem Aggressionstraining von Georg R. Bach. Diese sind sowohl im Kindergarten, als auch in der Schule und der Familie praxisnah umsetzbar.

Die pädagogische Intention hierbei ist, die emotionalen, mit Aggressionen einhergehenden Empfindungen in der Gruppe oder der Familie aufzugreifen und den Kindern einen geschützten Rahmen zu geben, in welchem diese be- und verarbeitet werden können. Hierfür habe ich, teilweise mit den Kindern zusammen, Aggressionsrituale entwickelt, welche auf den Theoriegrundlagen der konstruktiven Aggression von G. R. Bach basieren. Er schreibt dazu folgendes:

„Die Aggressionsrituale haben das Ziel, einen höheren Informationswert zu erreichen bei gleichzeitiger gefahrloser Entladung irrationaler, ungesteuerter und intensiver verborgener Wutgefühle, bevor diese sich als destruktive Aggression auf die menschliche Beziehung auswirken könnte. Es ist jedoch nicht so gedacht, dass diese Rituale ganz bestimmte Verhaltensmuster verändern sollen. [...] Das normale Sozialverhalten steht unter dem Grundsatz, alle aggressiven Interaktionen zu meiden, weil es die Menschen voneinander zu trennen scheint. Innerhalb der strukturierten Rituale dagegen stellt man die genau entgegengesetzte Wirkung fest. Hier entsteht aus ausgetauschter Aggressivität statt Trennung und Entfremdung Vertrauen zwischen den Aktionspartnern." (a.a.O. S. 98/99 ff)

Eine praxisbezogene Umsetzungsmöglichkeit dieser Methode im pädagogischen Alltag bietet mein „Power-Projekt", welches ich ursprünglich für eine Kleingruppe von acht Jungen konzipiert habe. Die Teilnahme an dem Projekt ist freiwillig und findet im Turnraum der Kindertagesstätte statt.

Zu Beginn des Projektes treffe ich mit den Jungen klare Regeln und Absprachen, welche für die Gesamtdauer des Projektes gelten:

- Was ist das gemeinsame Ziel in diesem Projekt? Was wollen wir hier miteinander tun? Lernen, mit Wut umzugehen, die Wut „heraushauen". Die eigene Kraft spüren. Auf faire Weise miteinander kämpfen
- Wie kann das gesetzte Ziel erreicht werden? Was muss dabei beachtet werden? Welche Absprachen sind nötig?
- Woran können die Jungen erkennen, dass sie das gesetzte Ziel erreicht haben?

Es finden keine körperlichen oder psychischen Übergriffe „über ein Kind lachen, jemanden mit Absicht wehtun zu wollen" statt. Gegenseitige Rücksichtnahme beim „Kraft spüren" auf der Basis *„Ich bin o.k. und du bist o.k."* bildet die Grundlage des Projektes.

Wir vereinbaren miteinander den STOP- Ruf. Wenn ich (oder ein Kind) STOP rufe, ist dieses STOP unbedingt und sofort zu beachten. Ich halte inne und höre, was der andere bzw. die Erzieherin zu sagen hat. Damit gebe ich neben der Erlaubnis zum Ausagieren den Kindern gleichzeitig den nötigen Schutz und eine klare Struktur in der Arbeit mit ihrem Aggressionspotential.

3.5.1 Das Power-Projekt

In dem Power-Projekt habe ich transaktionsanalytische Konzepte mit Methoden aus dem Aggressionstraining nach George Bach praxisbezogen verknüpft. Der didaktische Aufbau beginnt

1. mit der Erlaubnis, die eigene Kraft spüren und energetisch ausdrücken zu dürfen,
2. der Auseinandersetzung mit Konfliktsituationen und dem daraus entstehenden Gefühl von Ärger bzw. Wut und endet
3. in dem Bedürfnis, sich mit anderen zu messen, die eigene Kraft im Kontakt mit einem Gegenüber auszuloten.

Der hier beschriebene Inhalt und Ablauf kann an fünf aufeinander folgenden Tagen im Kindergarten, in der Grundschule und in einer etwas abgeänderten Form auch in der Familie umgesetzt werden. Bei der Umsetzung im Kindergarten oder in der Grundschule ist Kleingruppenarbeit sinnvoll. Der hier beschriebene zeitliche Ablauf des Projekts beträgt jeden Tag ca. 40 Minuten.

Montag - Erlaubnis geben zum wild sein und die eigene Kraft spüren

1. Die Kinder laufen zu einer „rhythmisch-fetzigen" Musik von DJ Bobo („Respect yourself") durch den Raum und bewegen sich dabei – je nach Temperament – frei und ausgelassen
2. Die Kinder setzen sich mit mir in einem Kreis zusammen um Atem zu schöpfen und auszuruhen
    - Urschrei: Alle stehen auf, fassen sich an, suchen für die Füße einen festen Stand, holen tief Luft und schreien laut.

Der Schrei erfolgt insgesamt 3-mal.

- Alle lassen sich los, drehen sich zur Seite und stampfen mit den Füßen auf der Stelle.
- Alle bewegen sich stampfend im Kreis. Die Füße werden dabei fest auf den Boden aufgesetzt.
- Alle bewegen sich stampfend, möglichst aufrecht im Kreis und rufen dabei laut „HA-HA-HA." Der Ton fließt aus dem Bauch hoch durch den Brustkorb und fliegt mit Power durch den weit geöffneten Mund nach draußen.
- Alle bewegen sich stampfend, möglichst aufrecht im Kreis, rufen dabei laut HA-HA-HA und schlagen zu jedem Ton mit den Handkanten abwechselnd zur rechten bzw. linken Seite aus. Die Arme werden dabei nicht ganz durchgestreckt.*

3. Ich setze mich mit den Jungen im Kreis zusammen und betrachte mit ihnen das Bilderbuch von Maurice Sendak „Wo die wilden Kerle wohnen". Das Bilderbuch vermittelt die Erlaubnis, dass wild sein und Krach machen in einem bestimmten Rahmen – nämlich dort, wo die wilden Kerle wohnen – in Ordnung ist.
4. Nach einer Austauschrunde über das Bilderbuch („Wie hat dir die Geschichte gefallen?"), lade ich die Jungen dazu ein, sich wie die wilden Kerle durch den Raum zu bewegen. *„... sie brüllten ihr fürchterliches Brüllen und fletschten ihre fürchterlichen Zähne und rollten ihre fürchterlichen Augen und zeigten ihre fürchterlichen Krallen ..." (Maurice Sendak in „Wo die wilden Kerle wohnen")*
5. Danach setze ich mich noch einmal mit den Jungen im Kreis zusammen. Wer möchte, kann mit Wachsmalstiften noch ein Bild zum Thema „Die wilden Kerle" malen. Die Kinder sind motiviert bei der Sache und malen ausdrucksvolle Bilder.

---

* Diese Übungen habe ich in abgeänderter Form aus meinem Aggressionstraining bei Norbert Nagel übernommen

Dienstag - Die eigene Kraft spüren im Kontakt mit mir und anderen. Umgang mit Ärger/Wut in einer Konfliktsituation

1.+2. erfolgt wie tags zuvor. Es ist unser „Anfangsritual".

3. Partnerübungen:
   - Jeder wählt sich einen Partner und stellt sich ihm gegenüber an einer Linie auf. Die Handflächen werden aneinander gelegt und beide beginnen gleichzeitig mit ihrem gesamten Körpergewicht zu drücken.
   - Ja/Nein-Übungen*: Eine Seite sagt „Ja", die gegenüberstehenden Partner sagen „Nein". „Ja" und „Nein" können jeweils in der Lautstärke, mit Körpersprache (aufstampfen, nicken, lächeln, Kopfschütteln) bzw. ohne Körpersprache verändert werden. Nach ca. zwei Minuten wird gewechselt. Anschließend erfolgt ein kurzer Austausch zu der Frage: Was hat mir besser gefallen? Das „Ja" oder das „Nein" sagen?
4. Ich setze mich mit den Kindern im Kreis zusammen und betrachte mit ihnen das Bilderbuch „Du hast angefangen! Nein, du!" von David Mc Kee. Die Hauptakteure des Bilderbuches sind der rote und der blaue Kerl. Die beiden geraten in einen Konflikt miteinander. Jeder will es besser wissen, Recht behalten. Zuerst beschimpfen sie sich gegenseitig, dann zerstören sie den Berg, ihre Welt, indem sie Steine darüber werfen. Am Ende ist der Berg weg und die beiden Kerle sehen sich zum ersten Mal. „Aber jetzt gehen sie aufeinander zu, reden miteinander und verständigen sich, erkennen, dass sie beide immer das gleiche gesehen haben, in der gleichen Welt leben." (Zitat auf der Rückseite des Buches) Anschließend spreche ich mit den Jungen

* eine der von Georg Bach entwickelten Aggressionsübungen, welche ich übernommen und in leicht geänderter Form mit den Kindern durchgeführt habe

über die beiden Kerle aus dem Bilderbuch. Mein Fokus ist dabei die Umgangsweise der Hauptakteure: Wie sind die beiden mit ihrer Wut, ihrem Ärger umgegangen? Wie haben sie sich gegenseitig ihren Ärger gezeigt? Was haben die beiden Kerle letztendlich mit ihren Verhaltensweisen erreicht? Welche OK-Positionen vertreten der rote und der blaue Kerl am Anfang der Geschichte? (ich bin o.k. – du bist nicht o.k.) Wie verhalten sie sich am Ende der Geschichte, als der Berg zerstört ist? (Sie gelangen zur Einsicht, dass sie beide Recht haben, beide o.k. sind.)

5. Wer möchte, kann noch ein Bild zu der Geschichte vom roten und blauen Kerl malen. Im Hintergrund läuft leise Entspannungsmusik. Die Jungen malen motiviert eine Szene, die ihnen am besten gefallen hat. Anschließend hänge ich alle bisher gemalten Bilder an der Pinnwand im Flur auf.

Mittwoch - Die eigene Kraft spüren und gleichzeitig eine Methode kennenlernen, in welcher Wut konstruktiv ausagiert werden kann

1.+2. Anfangsritual erfolgt wie tags zuvor.

3. Ich setze mich mit den Jungen im Kreis zusammen und betrachte mit ihnen „Wut-Bilder“ aus dem Buch „Ich und meine Gefühle“ von Holde Kreul.

   Im anschließenden Gespräch lege ich meinen Fokus auf den Umgang mit der eigenen Wut. Unter den Fragestellungen: Warst du auch schon einmal so richtig wütend? Was war passiert, weshalb warst du wütend? Was hast du dann gemacht? Die Jungen erzählen Situationen, in welchen sie Wut spürten und von ihnen darauf folgenden unterschiedlichen Reaktionen.

Fabian: „Einmal hab ich aus Versehen eine Vase runter geschmissen. Meine Mutter hat fürchterlich geschimpft und mich für eine Stunde in mein Zimmer geschickt. Ich war sehr wütend, denn das war doch keine Absicht mit der Vase. Dann hab ich in meinem Zimmer ein bisschen geheult" (Trauer als Ersatzgefühl über die nicht gezeigte bzw. ausagierte Wut gelegt).

Jonas: „Wenn mein Bruder mich ärgert, werd ich sauer. Ich schlag dann gleich zurück, denn ich bin stark und kann gut kämpfen" (Tendenz zum Grandiosen Denken, destruktiver Umgang mit Wutgefühlen).

Sascha: „Einmal war ich echt sauer, weil der Opa nicht mit mir Fußball spielen wollte. Ich bin dann einfach ins Haus gegangen." (Rückzug, die Wut nicht gezeigten bzw. ausagiert)

Thomas: „Wenn der Maxi mich ärgert, werd ich total sauer. Dann box ich ihn, dass er bis an die Decke fliegt." (Grandioses Denken. Abwertung der eigenen körperlichen Grenze)

Kaan: „Ich war sauer, weil meine Mama mir den Fernseher ausgemacht hat. Dann hab ich geweint, denn ich wollte noch Fernseh kucken." (Trauer als Ersatzgefühl auf die empfundene Wut gelegt)

Nach der Erzählrunde bespreche ich noch einmal mit den Jungen die geschilderten Reaktionen nach der gespürten Wut.

Welche Reaktionen sind angemessen und konstruktiv (und daher entwicklungsfördernd)?

Welche Reaktionen sind eher destruktiv (und daher tendenziell entwicklungshemmend)?

4. Ich zeige den Kinder die Batakas* und erkläre, wie man damit die Wut – die sich manchmal wie ein dicker Kloß im Bauch oder wie ein Druck in der Brust festsetzt – „heraushauen" kann, ohne dabei jemanden zu verletzen (Katharsis**). Der Bataka kann ganz fest auf den Boden knallen und wer will, darf dabei auch noch seine Stimme mit benutzen und schreien: „Ich bin wütend." Die Jungen haben anschließend die Gelegenheit, die Batakas auszuprobieren. Neben den Kinder-Batakas können auch zwei große Batakas für Erwachsene ausprobiert werden. Die Jungen experimentieren mit den unterschiedlich großen Batakas (wieviel Kraft benötigt man, damit es ordentlich knallt, wenn der Bataka auf den Boden aufschlägt) und spüren gleichzeitig ihre körperliche Kraft und damit auch sich selbst: Das bin ich mit meiner ganzen „Power".
5. Zum Abschluss verteile ich Tischdecken, Stifte und Malblätter im Raum und schlage als Thema ein „Wut-Bild" vor. Ich vermeide bewusst weitere Vorgaben, um der Fantasie der Kinder genügend Entfaltungsspielraum zu geben.

---

* Der Bataka oder Aggressionsübungsschläger ist eine mit festem Leinenstoff überzogene Schaumstoffrolle, in die ein Griff eingearbeitet ist. Der Griff ist mit einem Handschutz versehen. Der Bataka für Kinder ist bei gleicher Bauweise für Kinder bis Körpergröße 140cm geeignet. Er wurde speziell für Kindergarten- und Grundschulkinder entwickelt. Batakas kommen ursprünglich aus der Paar- und Familientherapie und werden heutzutage zunehmend auch im pädagogischen Bereich verwendet. Durch Übungen mit den Batakas wird den Kindern die Möglichkeit gegeben, ihre aggressiven Gefühle wahrzunehmen und in einem geschützten Rahmen auszudrücken. Sie wirken bei der Anwendung wie der Schlag von einem Kissen. Grundlage hierfür ist die Theorie der konstruktiven Aggression von Georg R. Bach.

** „Katharsis: Ein normales, gesundes, nicht zweckgebundenes (gewöhnlich ritualisiertes) Abreagieren aggressiv feindseliger Gefühle gegen entfernte Ziele (Personen, Dinge, Ideen). „Dampf ablassen", ohne damit zu versuchen, gleichzeitig etwas zu verändern oder zu verbessern." Definition von Katharsis nach Georg R. Bach

Donnerstag - Die eigene Kraft im Kontakt mit einem Partner spüren (Kräfte messen) und eine körperorientierte faire Konfliktbearbeitung kennen lernen

1.+2. Anfangsritual erfolgt wie tags zuvor.

3. Partnerarbeit mit den Batakas. Der sogenannte „Bataka-Kampf" hat einen rituellen, klar strukturierten Ablauf. Dieser bietet den nötigen Schutz vor körperlichen Verletzungen und gibt den Kindern die Möglichkeit, ihre Aggressionen auf faire Weise abzureagieren. Die vorhandene Wut über ein zerstörtes Bauwerk kann in einem Bataka-Kampf deutlich gezeigt und auf der Körperebene ausgetragen werden, ebenso die Lust am gegenseitigen Kräfte messen. *„Ein Bataka-Kampf, bei dem jeder Beteiligte zwei Minuten lang all seine Kräfte einsetzt, wirkt entspannend und löst den inneren Groll, der sich über längere Zeiträume aus allen möglichen Anlässen im Menschen angesammelt hat." (Georg Bach in „Keine Angst vor Aggressionen", S. 226)* Ich erkläre den Jungen Sinn und Zweck des rituellen Ablaufes, danach erfolgt die Partnerarbeit mit den Kinder-Batakas.

   - Partnerwahl und faire Kampfvereinbarung. Die Jungen stehen sich gegenüber, sehen sich an und fragen sich abwechselnd: „Willst du einen fairen Kampf mit mir machen?" Ich achte besonders darauf, dass das Wort fair nicht unterschlagen, der Blickkontakt gehalten wird und die gegenseitige Zustimmung erfolgt!
   - Körperliche Haltung während des Bataka-Kampfes: die Jungen halten sich jeweils an der linken (bei Linkshändern an der rechten) Hand fest, die andere Hand umfasst den gepolsterten Batakagriff. Ebenfalls wichtig ist der Seiten-

stand, d.h. jeweils die linken Füße werden nebeneinander gestellt. Als Tipp gebe ich noch, die Standfestigkeit beider Beine zu erproben („mit den Füßen gut im Boden verwurzelt sein")

- Ich vereinbare mit den Jungen geeignete „Schlagflächen" am Rücken (z.B. der Po, Schulterbereich, Oberschenkel) und „schlaggeschützte" Körperregionen (Kopf, Nierenbereich). Jetzt dürfen die Jungen mit ausholenden Bewegungen und aller „Power" den Bataka-Kampf beginnen. Während dieser Phase ist meinerseits volle Präsenz und Aufmerksamkeit und gegebenenfalls auch eine schützende Haltung erforderlich. Ich achte darauf, dass die vorher abgesprochenen Regeln – der entstandene Kontrakt – eingehalten werden.
- Besonders wichtig ist mir der am Anfang des Projektes besprochene „STOP-Ruf". Sobald eine Person aufhören möchte, ruft sie STOP. Bei STOP hört der Kampf sofort auf. Gerade für Thomas körperlich begrenzte Belastbarkeit hat der STOP-Ruf eine schützende Funktion.
- Am Ende des Bataka-Kampfes geben sich die „Kämpfer" noch einmal die Hand, schauen sich an und bedanken sich für den fairen Kampf.

4. Einzelarbeit mit zwei Kinder- und zwei Erwachsenen-Batakas. Wer noch „Power" hat, darf noch einmal seine Kraft spüren oder Wut herauslassen.
5. Ich setze mich mit den Jungen zu einer „Rückmeldungsrunde" im Kreis zusammen. Wer möchte, kann jetzt über seine Bataka-Erlebnisse berichten. Fragen-Impulse von meiner Seite sind:
„Wie ging es dir bei dem Bataka-Kampf?"

„Was hat dir besser gefallen, der Bataka-Kampf oder mit dem Bataka auf den Boden zu schlagen?" Hierbei erhalte ich nochmals ergänzende Informationen über die jeweiligen Bedürfnisse der einzelnen Jungen und kann diesen dementsprechend in den nächsten Wochen in der Freispielphase Raum geben.
Die gegenseitige, wertschätzende Haltung bei dem Bataka-Kampf fördert die ++Grundhaltung der Jungen. Es geht nicht darum, wer der Stärkere ist, wer „besser" kämpfen kann.

Freitag - Im achtsamen Umgang miteinander die eigene Kraft spüren und die Grenzen des Gegenübers respektieren lernen

1.+2. Anfangsritual
3. Wiederholung von zwei Partnerübungen: Händedrücken und Ja-Nein-Übung
4. Freie Auswahl zwischen Bataka-Kampf oder Einzelarbeit mit dem Bataka
5. Ich setze mich mit den Jungen im Kreis zusammen und betrachte mit ihnen das Bilderbuch „Ferdinand" von Munro Leaf. Ferdinand ist ein Stier, der nicht mit seinen Artgenossen kämpfen möchte. Er sitzt lieber auf der Wiese im Schatten einer Korkeiche und schnuppert ruhig an den Blumen. Selbst in der Stierkampf-Arena interessiert er sich ausschließlich für den Blumenschmuck der Zuschauerinnen, anstatt auf die Reizversuche des Matadors einzugehen.
   Mit der Geschichte von Ferdinand nehme ich noch einmal ganz bewusst Bezug zur ++Grundhaltung. Nicht kämpfen wollen ist genauso o.k. wie die Lust am gegenseitigen Kräfte messen. Die gegenseitige persönliche Wertschätzung bei unterschiedlichen Bedürfnissen bildet die Grundlage für die Wachstumsprozesse der Kinder. Im an-

schließenden Gespräch findet Fabian die Geschichte „einfach toll". Die Mehrzahl der Jungen hätte an Ferdinands Stelle „lieber gezeigt, wie stark sie sind" (was auch ihrer Begeisterung für die Arbeit mit den Batakas entspricht).

6. Abschlussrunde. Hier gebe ich den Jungen Gelegenheit für ihre persönliche Rückmeldung über das „Power-Projekt". (Was hat mir in diesem Projekt gut bzw. nicht so gut gefallen?) Die Mehrzahl der Jungen fand: „Alles war echt schön!"

Bei meiner Reflexion am Ende des „Power-Projektes" erkenne ich, dass die Kleingruppe von acht Kindern für die Bataka-Übungen letztendlich noch zu groß ist. Während vier Kinder die Batakas ausprobieren, beobachten vier Kinder das Geschehen. Den „Beobachtern" dauert die Wartezeit teilweise zu lang. Sie wollen „auch endlich drankommen". Eine Kleingruppe von maximal vier Kindern sehe ich mittlerweile als ideale Arbeitsvoraussetzung an. Zwei Kinder arbeiten mit den Batakas und zwei sind die Beobachter, welche mit mir zusammen das Einhalten des rituellen Ablaufs überwachen. In Absprache mit meiner Kollegin deponiere ich nach Abschluss meines „Power-Projektes" die beiden Kinder-Batakas sichtbar in einem oberen Regal des Gruppenraumes. Mir ist wichtig, den in dem Projekt begonnenen Lernprozess (Aggression konstruktiv auszuagieren) innerhalb der Großgruppe fortzusetzen. Während der Freispielphase können die Kinder im Turnraum oder im geräumigen Flur – mit meiner Begleitung – je nach Bedarf fair miteinander kämpfen, empfundene Wut zeigen und auf dem Boden „heraushauen", oder auch bei dem auf den Boden schlagen ihre Kraft spüren. Neben den „Projektteilnehmern" wird mein „Bataka Angebot" auch rege von anderen Kindern aus der Gruppe genutzt. Das Zeigen und „heraushauen" der Wut mit Unterstützung der Batakas ist eine wirkungsvolle Präventionsmöglichkeit gegen das Sammeln von Wutrabattmarken in verschiedenen Konfliktsituationen (z.B. bei mit oder ohne Absicht zerstörten Bauwerken, gegenseitigen Provokationen auf verbaler oder körperlicher Ebene). Die Kinder erleben, dass nach dem Zeigen und Ausagieren der Wut wieder Raum für klärende Gespräche oder neue Spielideen entstehen kann.

Bei der Umsetzung des „Power-Projektes" in der Familie kann die tägliche Bewegungseinheit zum Aufwärmen am Anfang weggelassen werden. Eine kleine, spielerische Lockerungsübung, (Tanzbewegung zu einer kraftvollen Lieblingsmusik) würde ich jedoch empfehlen. Sie gibt einen körperorientierten Zugang zu dem energetischen Erleben von Wut/Aggression. Die einzelnen, didaktisch aufeinander abgestimmten Themen können dann mit den entsprechenden Bilderbüchern und anschließendem Malen pädagogisch umgesetzt und begleitet werden.

Statt der Batakas kann als Ersatzlösung auch ein Kissen oder Boxsack für das energetische Ausagieren von Aggressionen verwendet werden. Nach meinen Erfahrungen haben jedoch die Batakas durch ihren handlichen Griff eine effektivere Wirkung. Das Bedürfnis, die eigene Energie körperlich auszudrücken und die Kraft im Kontakt mit einem Gegenüber auszuloten, kann mit Unterstützung der Batakas entwicklungsfördernd ausgelebt werden.

„Wut tut gut" ist ein energetisch-emotionaler Lernprozess, der die Persönlichkeitsentfaltung stärkt und zu einer offenen, wertschätzenden Beziehungsgestaltung beiträgt.

Außerdem trägt das konstruktive Ausagieren zur Reduzierung von Stresshormonen bei, was sich wiederum positiv auf das Lernen auswirkt.

„Stresshormone wirken sich ungünstig auf Neuronen aus, insbesondere auf Neuronen des Hippokampus. (...) Es scheint daher so zu sein, dass chro-

nischer Stress die Neuronen des Hippokampus beständig „an den Rand" bringen und damit langfristig zum Zelluntergang führen kann. Stress ist damit ungünstig für das Lernen und Behalten." (Prof. Manfred Spitzer in „Lernen", S. 171)

Auf den beiden oberen Fotos nutzen die Kinder den Bataka, um damit ihre Wut „herauszuhauen" oder um ihre Power zu zeigen, „Dampf abzulassen". Die beiden unteren Fotos zeigen einen fairen Bataka-Kampf. Wichtig ist auch die gegenseitige Wertschätzung am Ende: „Danke für den fairen Kampf!"

Am Ende dieses Kapitels möchte ich noch einmal die enge Verbindung zwischen Gefühlen und Lernen hinweisen. Eine wertschätzende Beziehungsgrundlage, in welcher die vorhandenen Gefühle gespürt werden können, sowie ein geschützter Raum für Gespräche über die vorhandenen Gefühle bilden einen Nährboden für gelingende Lernprozesse. Die Kinder können ihre authentischen Gefühle äußern und sie durchleben. Sie fühlen sich ernst genommen und sind motiviert, mitzuarbeiten.

„Für das Lernen ist wichtig: Gelernt wird immer dann, wenn positive Erfahrungen gemacht werden. Dieser Mechanismus ist wesentlich für das Lernen der verschiedensten Dinge, wobei klar sein muss, dass für den Menschen die positive Erfahrung schlechthin in positiven Sozialkontakten besteht. (Manfred Spitzer in „Lernen", S. 181)

4 - „Horch mal, wer da spricht" – Wie unsere unterschiedlichen Persönlichkeitsanteile die Entwicklung von emotionaler Kompetenz fördern oder hemmen können

„Ich werde am Du -
Alles wirkliche Leben ist Begegnung."
Martin Buber

Das Zitat von Martin Buber macht deutlich, dass die tägliche Kontaktgestaltung zwischen Menschen eine wichtige Rolle spielt. Leben ist Begegnung. Im Laufe eines Tages haben wir viele Begegnungen, die oft recht unterschiedlich verlaufen oder wahrgenommen werden. Menschen treten durch Kommunikation miteinander in Kontakt. Die Kommunikation kann verbal, durch Worte, oder auch nonverbal, durch Mimik oder Gestik gestaltet werden. Gerade Kinder haben ein feines Gespür für die „nicht gesagten" Worte.

Manchmal kommunizieren Menschen auch mit sich selbst. Wenn wir in uns hineinhorchen, werden wir feststellen, dass es verschiedene Stimmen in uns gibt. Diese Stimmen beeinflussen unser Denken, Fühlen und Verhalten - im Kontakt mit uns selbst und im Kontakt mit anderen Menschen. Es sind verschiedene Anteile unserer Persönlichkeit, die letztendlich auch einen prägenden Einfluss auf den Umgang mit den eigenen Gefühlen und den Gefühlen anderer Menschen haben. Eine offene, wertschätzende Kommunikation bildet die Grundlage für das Mitteilen unserer Befindlichkeit und ist somit die Voraussetzung für emotionales Lernen in Beziehungen.

Diese unterschiedlichen „inneren" Stimmen möchte ich anhand eines kleinen inneren Dialoges verdeutlichen:

Sie wachen morgens auf und werfen einen Blick aus dem Fenster. Draußen regnet es heftig, der Himmel ist grau.

Eine Stimme in Ihnen sagt vielleicht: „Bei diesem Wetter würde ich mich am liebsten wieder ins Bett verkriechen und ein schönes Buch lesen."

Da erwidert eine andere Stimme: „Das kommt überhaupt nicht in Frage. Wenn jeder so denken würde, käme heute niemand zur Arbeit!"

Eine dritte Stimme sagt vielleicht: „Einen Tag Ruhe hättest du dir eigentlich verdient. Du hast in den letzten Wochen wirklich viel gearbeitet."

Eine vierte Stimme entgegnet: „Aber was wird der Chef von mir denken, wenn ich heute einfach ohne triftigen Grund zu Hause bleibe?"

Da schaltet sich eine fünfte Stimme ein: „Was der Chef von mir denkt, kann mir heute mal egal sein. Wie der mich letzte Woche behandelt hat."

Eine sechste Stimme entgegnet: „Bei diesem Wetter ist die Arbeitsmotivation tatsächlich eher gering. Vielleicht kann ich ja heute etwas früher Schluss machen oder mir heute Abend einen Saunabesuch gönnen.

Vielleicht kommt Ihnen solch ein Dialog bereits bekannt vor oder Sie haben ihn in ähnlicher Form schon bei sich selbst wahrgenommen. Dialoge dieser Art können Sie jedoch auch in ihrem äußeren Umfeld beobachten.

In seiner Arbeit mit Gruppen beobachtete Eric Berne, dass die TeilnehmerInnen in ihren Dialogen auf unterschiedliche Weise miteinander kommunizierten. Mal rational, lösungsorientiert, dann mehr mahnend, oder eher kindlich. Eine Person zeigte während ihrer Kommunikation verschiedene „Zustände" in ihrem Denken, Fühlen und ihrer Verhaltensweise. Aufgrund dieser Beobachtungen entwickelte er ein Konzept, welches er das Ich-Zustands-Modell nannte. Als konzeptionelle Grundlage verwandte er die von Sigmund Freud aufgestellte Dreiteilung des Seelenlebens in

Über-Ich
Ich
und Es

Aus diesem theoretischen, psychoanalytisch orientierten Modell schuf er ein beobachtbares, praxisnahes Konzept, welches Struktur und Funktion der menschlichen Persönlichkeit beschreibt.

4.1 Das Ich-Zustandsmodell

Das Konzept der Ich-Zustände hat in der pädagogischen Arbeit eine zentrale Bedeutung. Ich-Zustände sind in der TA-Sprache Bezeichnungen für zusammengehörende Gefühle, Gedanken und Verhaltensweisen. Es sind **keine realen Gegebenheiten**.

Im Gegensatz zu dem eher theoretischen Modell von Freud definierte Berne einen *„Ich-Zustand als eine* ***Befindlichkeit*** *(system of feelings), als eine* ***innere Haltung*** *(state of mind) oder als eine* ***psychische Einstellung*** *(psychic attitude), drei Begriffe, die er in diesem Zusammenhang einander gleichsetzt. Für ihn sind Ich-Zustände aber auch* ***Verhaltensmuster****."**

* Berne zitiert nach Schlegel; S.156

Er vertrat die Auffassung, dass es effektiver und heilsamer für seine Klienten ist, wenn sie in therapeutischen Gesprächen aktiv mitarbeiten, anstatt in einer eher passiven Haltung auf der Couch zu liegen und in einem tendenziell einseitigen Dialog über ihre bestehenden Probleme zu sprechen.

Für eine aktive Mitarbeit in einem solchen Prozess sind jedoch zwei Schritte notwendig. Der erste Schritt ist, dass Menschen ihre Denk- und Verhaltensweisen erst einmal bei sich selbst wahrnehmen und verstehen lernen. Dazu brauchen sie ein praxisnahes, allgemein verständliches Lernmodell. Danach können sie in einem zweiten Schritt ihre wahrgenommenen Denk- und Verhaltensweisen auf Effektivität im Kontakt mit anderen Menschen überprüfen.

Die von Freud entwickelten Begriffe Über-Ich, Ich und Es ersetzte Berne mit den Begriffen

Eltern-Ich
Erwachsenen-Ich
und Kind-Ich

Diese Begriffe klingen vertrauter, lebensnaher – und sie sind im täglichen Kontakt zwischen Menschen zu beobachten.

Die Grundlage des Ich-Zustands-Modells ist das so genannte Strukturmodell. Es beschreibt die dreiteilige Struktur der Persönlichkeit. Die graphische Darstellung des Strukturmodells sieht folgendermaßen aus:

Eltern-Ich-Zustand
Verhalten, Denken und Fühlen, das von den Eltern oder Elternfiguren, wie z.B. Erzieher, Lehrer übernommen wurde.

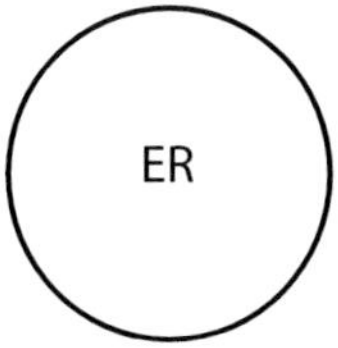

Erwachsenen-Ich-Zustand
Verhalten, Denken und Fühlen, das eine direkte Reaktion auf das Hier und Jetzt ist.

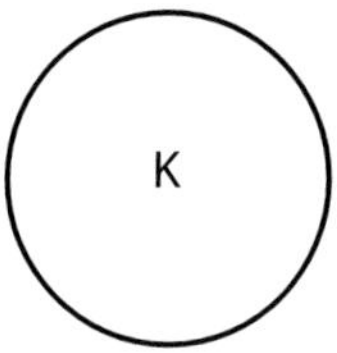

Kind-Ich-Zustand
Verhalten, Denken und Fühlen, das aus der Kindheit stammt und jetzt wieder abläuft.

„Diese drei Ich-Zustände bilden die Grundstruktur unserer Persönlichkeit. Wie sie im Einzelnen ausgeprägt sind, wie wir welchen Ich-Zustand in bestimmten Situationen mit Energie besetzen und wie wir sie in der Kommunikation mit anderen benutzen, das macht die Einmaligkeit unserer Persönlichkeit aus." (Gührs und Nowak in „Das konstruktive Gespräch," S. 81)

Um die eigene, innere Kommunikation und die Kommunikation zwischen Menschen näher verstehen und beschreiben zu können, hat Eric Berne das einfache Strukturmodell weiter differenziert. Er unterteilte nochmals das Eltern-Ich und das Kindheits-Ich. Da dieses Modell erklärt, wie zwischenmenschlicher Kontakt funktioniert, nannte er das Modell **Funktionsmodell**.

4.2 Das Funktionsmodell

Das Funktionsmodell beschreibt sechs psychische Energien, die in der Kommunikation zu beobachten sind:

Das **freie Kindheits-Ich** (fK) steht am Anfang unseres Lebens im Vordergrund. Es ist somit der ursprünglichste und natürlichste Teil unserer Persönlichkeit. Wenn wir in der psychischen Energie des freien Kindes agieren, verhalten wir uns spontan, impulsiv. Erwartungen und Regeln sind weniger interessant und werden folglich auch weniger beachtet. Die Eigenschaften des freien Kindes reichen von kreativ, spielerisch, neugierig bis egoistisch und rücksichtslos. Im freien Kind spüren wir unsere authentischen Gefühle und können diese auch spontan und unzensiert mitteilen. Für die Persönlichkeitsentwicklung eines Menschen hat die Energie des freien Kindes eine maßgebliche Bedeutung. Im freien Kind liegen Kreativität, Einfallsreichtum und Lebendigkeit, die Neugierde, die wiederum die Lust zum Lernen motiviert.

Das **angepasste Kindheits-Ich** (aK) wird ebenfalls schon in der frühen Kindheit entwickelt. Die Konfrontation mit Ge- und Verboten, Forderungen der Bezugspersonen bewirkt eine Anpassung. Wir schränken unsere Impulse ein und passen uns den Erwartungen der Bezugspersonen an, um die (lebensnotwendige) Zuwendung/Beachtung zu erhalten. Erwachsene Menschen befinden sich im angepassten Kind, wenn sie sich an den Erwartungen anderer orientieren und dabei ihre eigenen Bedürfnisse und Ideen zurücknehmen. Manchmal basieren diese Erwartungen auch auf Vermutungen, was die andere Person jetzt wohl denken oder brauchen könnte, oder es sind verinnerlichte Erfahrungen aus der

Kindheit, die in der gegenwärtigen Situation angepasstes Denken und Verhalten bewirken.

Das **rebellische Kindheits-Ich** (rK) ähnelt in seiner Grundstruktur dem angepassten Kind. Es orientiert sich ebenfalls an den Erwartungen oder Meinungen anderer. Nur verhält es sich dann in seiner Denk- und Handlungsweise genau entgegengesetzt. Es rebelliert gegen die wahrgenommenen oder vermuteten Forderungen. Bei Pubertierenden ist die Energie des rebellischen Kindes besonders gut zu beobachten. Sie reiben sich, z.B. in intensiven Diskussionen, an Eltern oder anderen Autoritätspersonen und zeigen manchmal einen unangemessenen Ausdruck von Wut und Aggression. Die Realität wird in solch einem Augenblick nur verzerrt wahrgenommen. In der Pubertätsphase grenzen sich Jugendliche bewusst gegen Regeln und Normen ab, indem sie ihre eigene Meinung mit „Power" dagegenhalten und möglichst auch durchzusetzen versuchen. Auch in der Trotzphase zeigt sich die Energie des rebellischen Kindes zeitweise sehr deutlich. Das Kind nimmt sich langsam als eigenständige Persönlichkeit wahr und entdeckt seinen eigenen Willen. Der eigene Wille steht dann, ähnlich wie in der Pubertät, zuweilen in einem Spannungsfeld zu den äußeren Gegebenheiten oder den Erwartungen und Bedürfnissen der Eltern.

Das **Erwachsenen-Ich** (ER) ist ansatzweise mit einem Computer vergleichbar. Es sammelt Daten, nimmt Informationen auf und verarbeitet diese. Mit der psychischen Energie des Erwachsenen-Ichs wägen wir rational ab und treffen auf dieser Grundlage Entscheidungen.

Das Verhalten und Denken ist schwerpunktmäßig von Logik, Sachlichkeit und Konsequenz geprägt. Wir beschreiben unsere Wahrnehmung und erläutern Zusammenhänge in ähnlicher Form, wie ein(e)

Nachrichtensprecher(in) abends in der Tagesschau zu uns spricht. Die Entwicklung des Erwachsenen-Ich beginnt, wenn das Kind anfängt zu denken und sich selbst als eine eigenständige Persönlichkeit wahrnimmt. Im Kindergartenalter ist dieser Prozess gut zu beobachten. Je nach Reifegrad des Gehirns und Nervensystems sind Kinder ungefähr ab dem vierten bis fünften Lebensjahr in der Lage, einfachere Zusammenhänge zu verstehen.

Daher können sie bereits in diesem Alter auch lernen, ihre Gefühle zu differenzieren und diese angemessen auszudrücken. Die Förderung von emotionaler Kompetenz stärkt daher auch gleichzeitig die Bildung des Erwachsenen-Ichs.

Das **kritische Eltern-Ich** (kEL) besteht aus Ge- und Verboten, Vorurteilen und Abwertungen, die von den Eltern oder anderen nahen Bezugs- oder Autoritätspersonen übernommen und innerlich abgespeichert worden sind. Manche Sätze sind naturgetreu abgelagert worden, manche Normen, Regeln oder Anweisungen werden etwas abgewandelt in das eigene Gedankengut übernommen. In bestimmten Situationen werden solche Sätze oftmals automatisch und dadurch unreflektiert benutzt, verbunden mit einer Abwertung der ganzen Person. Altersmäßig beginnt die Entwicklung des Eltern-Ichs mit Beginn der Grundschulzeit. Zwar werden Kinder schon in der Kleinkindphase überwacht, kontrolliert und auch kritisiert, doch die bewusste Übernahme von elterlich kritisch oder fürsorglichen Denk- und Verhaltensmustern beginnt erst, zu einem späteren Zeitpunkt.

Bekommen Kinder ein stark ausgeprägtes kritisches Eltern-Ich vorgelebt, wird dies mit Wahrscheinlichkeit entweder eine ausgeprägte Entwicklung ihrer rebellischen- oder ihrer angepassten Kind-Ich-Energie stimulieren.

Das **nährende oder fürsorgliche Eltern-Ich** (fEL) besitzt die Eigenschaften, Denk- und Verhaltensweisen, wie sie eine liebevoll- fürsorgliche Mutter in der Beziehung zu ihrem kleinen Kind zeigt. Das Kind erhält Schutz, Fürsorge, Ermutigung, Lob. Es wird getröstet, wenn es traurig ist und erfährt liebevolle Zuwendung und die Beachtung seiner Bedürfnisse. Im Gegensatz zum kritischen Eltern-Ich stimuliert die fürsorgliche Haltung die Persönlichkeitsentwicklung bei Kindern - und ebenso auch bei Erwachsenen.

Erwachsene Menschen können in bestimmten Situationen ebenfalls die Ansprache und Behandlungsweise aus dem fürsorglichen Eltern-Ich gebrauchen, z.B. wenn sie erkranken, traurig sind oder Angst haben. In solchen Augenblicken befinden wir uns zumeist in einer Kind-Ich-Position und empfinden eine fürsorgliche Zuwendung als wohltuend und unterstützend.

Die Energiebesetzung der sechs Ich-Zustände und die vier in 1.1 beschriebenen Lerntypen stehen in einer engen Beziehung zueinander. Ein Lernen durch Bestrafen fördert z.B. tendenziell eine angepasste oder vielleicht auch eine rebellierende Haltung des Kindes. Ebenso kann ein Lernen durch Verstärken ein angepasstes oder rebellisches Denk- und Verhaltensmuster-, jedoch auch die Bildung des freien Kindes unterstützen. Mit dem Lernen am Modell, dem Vorleben von Bewertungen, wird die Entwicklung des Eltern-Ich stimuliert. Die erwachsenen Bezugspersonen dienen hierbei als Vorbild, ihre Wertvorstellungen, Ansichten über die Welt und Glaubenssätze werden zum Teil noch unreflektiert übernommen und im Gedächtnis abgespeichert.

Die Unterscheidung der Ich-Zustände im Funktionsmodell kann also genutzt werden, um zu erkunden, wie Menschen mit sich selbst und mit ihrer Umwelt in Beziehung treten.

Daher habe ich auch die Frage: **„Horch mal, wer da spricht?"** als Überschrift für dieses Kapitel gewählt. *Wie* denke, fühle, verhalte ich mich im Kontakt mit mir selbst und mit anderen Menschen? Welche der sechs beschriebenen Ich-Zustände besetze ich dabei mit Energie?

Die graphische Darstellung der sechs Ich-Zustände im **Funktionsmodell** sieht folgendermaßen aus:

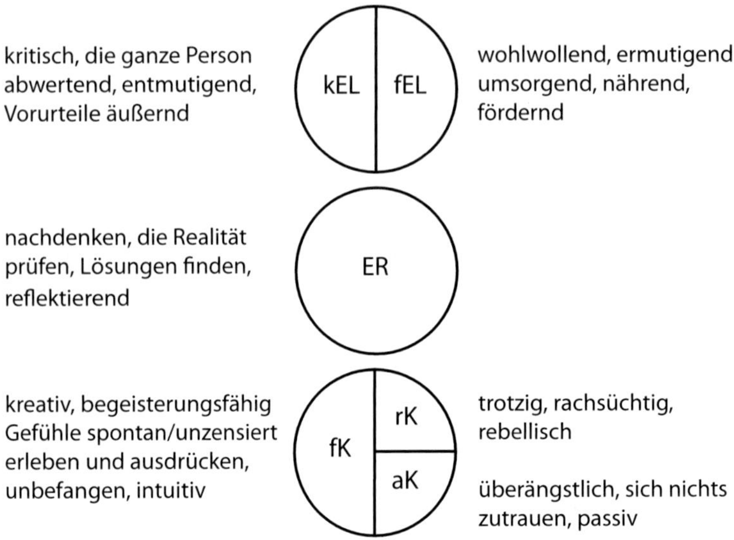

Bei der Darstellung des Ich-Zustands-Modells ist es wichtig, dieses Modell als ein Konzept zu begreifen, welches menschliches Denken, Fühlen und Verhalten erklärt. Die Ich-Zustände sind keinesfalls als eine eigene, unabhängige Existenz im Menschen zu verstehen. Es sind vielmehr psychische

„Energiezustände", die wir bei uns selbst und bei anderen Menschen wahrnehmen und dementsprechend auch in eigener Verantwortung steuern können.

Wenn ich z.B. sage: „Mein Kind will Spaß haben", ziehe ich mich mit dieser Haltung aus der Verantwortung. In dem Satz: „*Ich* will jetzt gerne in der Energie meines freien Kindes Spaß haben" zeigt sich hingegen eine eigenverantwortliche, selbst reflektierende Denkweise.

Bei der Unterteilung des angepassten Kind-Ich-Zustandes unterscheidet man zumeist noch eine positive Anpassung (sich in einer Gemeinschaft an Regeln halten können → +aK) und eine negative Anpassung (Überanpassung, sich nichts zutrauen, keine eigene Meinung vertreten → -aK). Ein gewisser Prozentsatz positiver Anpassung ist in Beziehungen und Gruppen also notwendig, z.B. um gemeinsam lernen oder Kompromisse schließen zu können. Ist die Anpassung jedoch recht hoch, hemmt sie die Persönlichkeitsentwicklung.

Ebenso können auch das rebellische und das freie Kind nochmals unterteilt werden. Eine positive Rebellion (+rK) sehe ich z.B. in dem angemessenen Ausdruck von Wut und Ärger oder einem mit Nachdruck geäußerten Wunsch nach Veränderung. Eine negative Rebellion (-rK) zeigt sich meines Erachtens in einem unangemessenen Ausdruck von Wut, provokativem, rachsüchtigem Verhalten.

Eine negative Ausprägung des freien Kindes zeigt sich, wenn durch das eigene spontane oder impulsive Verhalten eine Selbst- oder Fremdgefährdung entsteht, (z.B. mit überhöhter Geschwindigkeit zu fahren, weil mir schnelles Fahren einfach Spaß macht). Oder auch, wenn die eigenen Bedürfnisse und Wünsche ohne jegliche Rücksichtnahme durchgesetzt werden.

Auch bei dem kritischen Eltern-Ich gibt es einen positiven Aspekt. Nämlich dann, wenn wir mit Nachdruck für das Einhalten von (Verhaltens-)

Regeln sorgen und destruktive Verhaltensweisen bei uns oder anderen Personen stoppen.

Bei dem fürsorglichen Eltern-Ich gibt es hingegen einen negativen Aspekt, wenn z.B. Menschen mit zu viel Fürsorge klein gehalten werden, Konflikte und Auseinandersetzungen vermieden werden, oder ein übergroßes Bedürfnis nach Harmonie vorhanden ist. Eine überfürsorgliche Haltung wird – ebenso wie eine kritisch- abwertende Haltung – auf lange Sicht die Persönlichkeitsentfaltung von Kindern und Erwachsenen hemmen. Die Energie des freien Kindes und des Erwachsenen-Ich kann sich hierbei nur unzureichend entfalten und behindert damit die Entwicklung von Selbstständigkeit und Selbstbewusstsein.

Das Kriterium für die Unterscheidung der„positiven" und„negativen" Ich-Zustände – sowohl beim Kind-Ich-Zustand als auch beim Eltern-Ich-Zustand im Denken, Fühlen und Handeln ist jeweils der angemessene Bezug zur Realität.

Wie kann ich nun die verschiedenen Ich-Zustände bei mir selbst und im Kontakt mit anderen Menschen beobachten und voneinander unterscheiden? Hierfür hat Eric Berne die verhaltensbezogene Diagnose entwickelt.

4.2.1 Die verhaltensbezogene Diagnose

Die verhaltensbezogene Diagnose ist eine Beobachtungshilfe beim Erkennen der Ich-Zustände im Funktionsmodell.

Dabei kann folgendes wahrgenommen werden:

Wörter, Sätze, Redewendungen	(*was* die betreffende Person sagt)
Sprechweise	(Klang der Stimme, Lautstärke, Redegeschwindigkeit, *wie* die betreffende Person spricht)
Gestik	(harmonische Bewegungen, drohende Gebärden)
Körperhaltung	(gelöst, aufrecht, verkrampft, angespannt)
Gesichtsausdruck	(lächelnd, stirnrunzelnd, weinerlich, ...)

Wie die verhaltensbezogene Diagnose im Hinblick auf die sechs Ich-Zustände als Beobachtungshilfe angewendet werden kann, beschreiben Manfred Gührs und Claus Nowak in „Merkmale der Ich-Zustände".

4.2.2 Merkmale der Ich-Zustände

Die Merkmale der Ich-Zustände habe ich aufgrund ihrer gut zusammengefassten und gleichzeitig aufschlussreichen Darstellung aus dem Buch *„Das konstruktive Gespräch", (S. 85/86) von Manfred Gührs und Claus Nowak* übernommen. Herzlich danken möchte ich an dieser Stelle dem Limmer-Verlag für seine Einwilligung zur Zitierung.

Die Aufzählung der Ich-Zustands Merkmale ist als eine Unterstützung zur Schulung der eigenen Wahrnehmung gedacht. Wenn sie allerdings als „Checkliste" benutzt wird, mit welcher das Denken und Verhalten von Menschen in Schubladen einsortiert wird, entspricht diese Vorgehensweise keinesfalls der grundlegenden Funktion und Absicht dieses Konzeptes.

Zu Beginn möchte ich folgende Anmerkung der Autoren zu ihrer Darstellung vorausschicken:

Bei der folgenden Übersicht handelt es sich um keine erschöpfende Darstellung, sondern lediglich um Hinweise, die eine Vorstellung von den verschiedenen Ausdrucksformen der Ich-Zustände vermitteln sollen.

Kritisches Eltern-Ich

Sprache:	Man, sollte, müsste, nie, ständig, auf der Stelle Das macht man nicht! Das ist ja kindisch (lächerlich, unreif, Unsinn ...)! Das weiß doch jeder! Du musst immer ...! Wie konntest du nur! Mahnende Sprichwörter und Redensarten, Verallgemeinerungen und jede Form moralisierender Kommentare. **Vermeidung des Wortes „Ich“**.
Stimme:	Scharf, bestimmt, gepresst, monoton, ungeduldig, herablassend, abkanzelnd.
Gestik, Mimik, Haltung:	Erhobener Zeigefinger, hochgezogene Augenbrauen, gerunzelte Stirn, Kopfschütteln, erhobenes Kinn, hochgezogene Schultern, Hände in die Hüften gestemmt, Körperhaltung korrekt und steif
Einstellung:	Überlegen (Ich bin okay, du bist nicht okay!) moralisch, fordernd, autoritär, rigide

Nährendes Eltern-Ich

Sprache:	Gut, prima, niedlich, mein Lieber, du Armer. Das kriegen wir schon hin! Hast du dir weh getan? Was wünschst du dir? Kann ich dir helfen? Alles wird gut! Mach dir keine Sorgen! Wir wollen doch nicht streiten! Lass nur, ich mach das schon!
Stimme:	Liebevoll, sanft, tröstend, besorgt, beschwichtigend.
Gestik, Mimik, Haltung:	Körper vorgebeugt, ausgestreckte Arme, tätscheln, übers Haar streichen.
Einstellung:	zugewandt, verständnisvoll, fürsorglich, gönnerhaft

Erwachsenen-Ich

Sprache:	Was, wie, wo, weshalb, wann, wer? Korrekt, praktisch. Was sind die Fakten? Was folgt daraus? Funktioniert das? Ich fasse zusammen ..., meiner Meinung nach ...,
Stimme:	Sachlich, ausgeglichen, genau, gleichmäßig (Nachrichtensprecher!)
Gestik, Mimik, Haltung:	Nachdenklich, aufmerksam, offen, Blickkontakt, aufrechte Haltung
Einstellung:	Aufgeschlossen, interessiert, beobachtend, prüfend, konzentriert, nicht zweckbestimmt

Freies Kind-Ich

Sprache: Mensch! Klasse! Toll! Oh! Au! Mist! Ich will...! Ich mag nicht ...! Ich bin traurig, wütend ...!
Häufiger Gebrauch des Wortes „Ich“.

Stimme: Hell, laut, frei, expressiv

Gestik, Mimik, Haltung: Lachen, Kichern, Küsse, Wut, Weinen, leuchtende Augen, offener Mund, lebendige Mimik, Körperbewegungen lebhaft, ungehemmt, erregt, entspannt, spielerisch

Einstellung: Spontan, neugierig, genießerisch, gefühlsbetont

Angepasstes Kind-Ich

Sprache: Bitte, Danke, vielleicht, hoffentlich, ich möchte ...! Ich kann (weiß) nicht! Ich versuche ...! darf ich ...? Das ist gemein! Immer ich! Die anderen ...! Was werden die anderen denken (sagen, tun)?

Stimme: Monoton, demütig, zerknirscht, weinerlich, leise, sanft, bettelnd, quengelig

Gestik, Mimik, Haltung: verhalten, traurig, schmollend, verschlossen, geduckt, angespannt, niedergeschlagen, hängende Schultern, gesenkter Blick, Arme und Beine verschränkt, Anzeichen von Nervosität, Achselzucken

Einstellung:	Willfährig, beschämt, schüchtern ängstlich (Ich bin nicht okay, du bist okay)

Rebellisches Kind-Ich

Sprache:	Pah! Ich denke nicht daran! Von wegen ...! Wieso ich? Ich bin doch nicht bekloppt! Das lasse ich mir nicht gefallen! Hör bloß auf! Du spinnst wohl! Ist mir doch egal! Das geht Sie überhaupt nichts an!
Stimme:	Trotzig, fordernd, mürrisch, laut, grummelnd
Gestik, Mimik, Haltung:	Verschlossen, Kinn und Unterlippe vorgeschoben, Hinlümmeln, Aufstampfen, Schmollen, übertriebenes Selbstbewusstsein
Einstellung:	Verweigernd oder aufbegehrend

Nachdem Sie nun einen Einblick über das Konzept der Ich-Zustände erhalten haben, möchte ich Sie wieder zu einer kleinen Selbstreflexions-Übung einladen.

Mit der Zeichnung eines so genannten Egogramms kann graphisch dargestellt werden, welche Ich-Zustände wir im Kontakt mit uns selbst und mit anderen Menschen vorzugsweise mit Energie besetzen.

4.2.3 Das Egogramm

Das Egogramm wurde von einem amerikanischer Transaktionsanalytiker namens Jack Dusay, entwickelt. Er ging von der Annahme aus, dass die Menge der psychischen Energie bei jeder Person konstant 100 % beträgt. In Form eines Säulendiagramms kann nun optisch dargestellt werden, wie diese psychische Energie bei dem einzelnen Menschen auf die sechs Ich-Zustände verteilt ist.

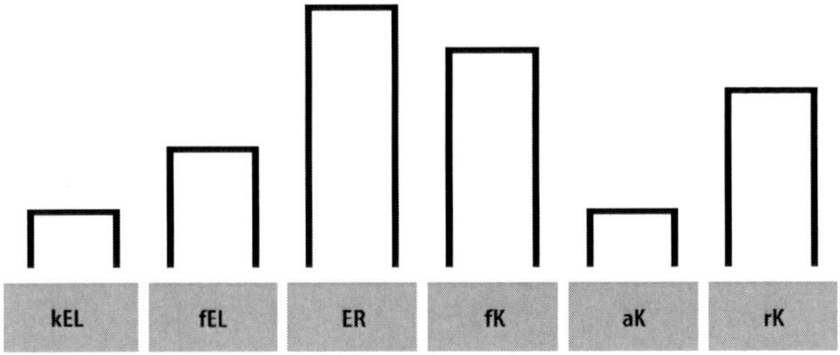

Die Höhe der einzelnen Säulen veranschaulicht, welche Ich-Zustände eine Person im Kontakt mit anderen Menschen häufig - und welche sie eher seltener mit Energie besetzt. J.Dussay benutzte damals in seinem Diagramm nur fünf Ich-Zustände, ich halte es für sinnvoll, hierbei das rebellische Kind vom angepassten Kind zu unterscheiden.

Falls Sie nun ihr persönliches Egogramm zeichnen wollen, so beginnen sie mit dem Aufmalen der Grundlinie. Danach werden die sechs Ich-Zustände in abgekürzter Form unter die Linie geschrieben. Anschließend zeichnen Sie spontan und ohne lange nachzudenken die einzelnen

Säulen. Die Höhe der einzelnen Säule zeigt, wie viel Zeit Sie – je nach Situation und Kontaktperson(en) – in den verschiedenen Ich-Zuständen verbringen.

Ein persönliches Egogramm eignet sich als Reflektionsmöglichkeit in unterschiedlichen Umfeldern und mit verschiedenen Kontaktpersonen. Die folgenden Fragen eignen sich zum Nachspüren und Ausprobieren:

- Welche Ich-Zustände besetze ich in meinem beruflichen Umfeld?
- Welche Ich-Zustände besetze ich in meinem privaten Umfeld (Familie, Freundeskreis)?
- Welche Ich-Zustände besetze ich bei einer Person, mit der ich mich gut verstehe?
- Welche Ich-Zustände besetze ich bei einer Person, mit der ich mich schlecht verstehe?

Ein Egogramm zeigt mit seinen unterschiedlich hohen Säulen, welche Ich-Zustände wir bevorzugt mit Energie besetzen. Gleichzeitig können auch die „unterbesetzten" Ich-Zustände deutlich erkannt werden. Die Konstanzhypothese besagt nun, dass, wenn wir z.B. von einem stark ausgeprägten kritischen Eltern-Ich Energie abziehen, so wird diese psychische Energie für einen anderen, schwach besetzten Ich-Zustand zur Verfügung stehen.

So kann beispielsweise ein rational orientierter Mensch beschließen, zukünftig sein freies Kind verstärkt mit Energie zu besetzen. Indem er sich öfters fragt, was ihm Spaß machen würde und diese Wünsche im Alltag auch berücksichtigt, verringert sich dadurch die Energie seines stark ausgeprägten Erwachsenen-Ichs.

4.2.4 Das Egogramm im pädagogischen Alltag

Im pädagogischen Alltag ist es sinnvoll, dass wir zum einen das Konzept der Ich-Zustände als Beobachtungshilfe für die Kinder nutzen: Wie verhält sich das einzelne Kind? Wie wirkt seine Körperhaltung, Mimik, Gestik, Stimme, Wortwahl und Sprechweise im Kontakt zu anderen Kindern und zu mir? Welche Kind-Ich-Zustände kann ich bei ihm beobachten? Bemerke ich eher rebellische oder mehr angepasste Rede- und Verhaltensweisen? Hat das Kind eine „gute Portion" freies Kind-Ich zur Verfügung? Inwiefern ist das Kind auch (schon) in der Lage, sein Erwachsenen-Ich zu benutzen? Diese Fragen können bei der Erstellung eines Egogramms für das Kind hilfreich sein. Dann erfolgt die persönliche Selbsteinschätzung mit der Frage: Welche Ich-Zustände besetze ich selbst im Kontakt mit diesem Kind mit Energie? Wie sieht mein persönliches Egogramm im Kontakt zu diesem Kind aus?

Für die Förderung der Persönlichkeitsentwicklung und für eine konstruktive Beziehungsgestaltung brauchen wir eine ausgewogene Mischung der so genannten „**produktiven Ich-Zustände**", (fürsorgliches Eltern-Ich, Erwachsenen-Ich, freies Kind-Ich). Als Unterstützung für gelingende Wachstums- und Bildungsprozesse benötigen wir zudem eine „gute Portion" freies Kind. Im freien Kind liegt die Quelle unserer Kreativität, die Lust, Neues zu entdecken, Begeisterung, Lebensfreude. Gerade bei der Unterrichtsgestaltung halte ich diesen Sachverhalt für äußerst bedenkenswert. Lehrer und Lehrerinnen, die ihr freies Kind-Ich bewusst im Unterricht mit einbeziehen, gestalten oftmals einen lebendigen Unterricht, in welchem die Kinder motiviert lernen und den vermittelten Lernstoff eher behalten.

Auch beim emotionalen Lernen spielt die Energiebesetzung der Ich-Zustände eine wichtige Rolle. Wir brauchen die Energie des freien Kindes, um Zugang zu unseren „echten" Gefühlen zu bekommen. Dann brauchen wir ein fürsorgliches Eltern-Ich, welches uns erlaubt, diese Gefühle spüren und auch zeigen zu dürfen.

Mit der Unterstützung des Erwachsenen-Ichs können wir entscheiden, wann, wie, wo und bei wem wir - z.B. mittels einer Handlung/Gefühl-Stellungnahme – über unsere Gefühle sprechen wollen. In der Transaktionsanalyse wird ein solcher Prozess als Agieren aus einem integrierten Erwachsenen-Ich bezeichnet. Die Entwicklung eines integrierten Erwachsenen-Ichs bedeutet, sich immer wieder mit den sechs „inneren Stimmen" auseinanderzusetzen und genau hinzuhorchen, **welche Stimme wann, was und wie spricht**. Diese Art von Selbstreflexion ist letztendlich ein lebenslanger Lernprozess. Gleichzeitig fördert eine solche Reflexion das persönliche Wachstum und die Entwicklung zu einer authentischen Persönlichkeit.

Fanita English hat es folgendermaßen beschrieben:

„Eine authentische Persönlichkeit kann es sich selbst erlauben, wirklich alle Gefühle, die in ihrem Kind-Ich entstehen, zu akzeptieren, ob sie ihrem Eltern-Ich gefallen, oder nicht. Ihr Erwachsenen-Ich kann Gefühle von Handlungen unterscheiden. Es kann auch wählen, was gezeigt wird und wann es gezeigt oder ausgedrückt werden soll." (Fanita English in „Transaktionsanalyse", S. 100)

4.2.5 Ich-Zustände und Kreisgesichtsymbole

Die Kreisgesichtsymbole bieten eine gute Möglichkeit, mit Kindern (und Erwachsenen) über die verschiedenen Ich-Zustände ins Gespräch zu kommen. *Elisabeth Kleinewiese* hat sie im Laufe der Jahre in ihrer heilpädagogisch-therapeutischen Arbeit mit Kindern entwickelt und in ihrem Büchlein *„Kreisgesichtsymbole" (Verlag: Institut für Kommunikationstherapie, Berlin)* anschaulich dargestellt. Die Kreisgesichtsymbole sind eine visuelle Darstellung der Funktion der Ich-Zustände. Sie beschreiben die Ich-Zustände in bildhaften Symbolen. Für Kinder sind Bilder und Symbole leichter erfassbar, da sie ihrer kindlichen Denkweise und ihrer bildhaften Vorstellungskraft entsprechen. E. Kleinewiese hat zu den unterschiedlichen Ich-Zustände jeweils ein einfaches, jedoch sehr aussagekräftiges Kreisgesicht gestaltet. Die Bezeichnung der Ich-Zustände hat sie hierbei weggelassen, denn die Bilder sprechen für sich. Hierbei möchte ich noch erwähnen, dass die bildhafte Darstellung der Ich-Zustände keinesfalls den Anspruch erhebt, allgemein gültig zu sein.

Wenn ich mit einem Kind die Kreisgesichtsymbole betrachte, lege ich sie meist in Form von sechs einzelnen Gesichter-Karten auf einem Tisch aus. Dann frage ich: „Welches Gesicht gefällt dir am besten?"

Meist wählt das Kind recht spontan eine, manchmal auch zwei Karten aus. So erhalte ich einen Hinweis, welches Ich-Zustands-Bild das Kind anspricht. Aufgrund von Beobachtungen kann ich daraufhin überprüfen, ob es diesen Ich-Zustand im Alltag öfters mit Energie besetzt. Nach einigen Wochen lege ich die Ich-Zustands-Bildkarten erneut aus und kann so die Aussage des Kindes mit der vorherigen Auswahl vergleichen. Nach meinen Erfahrungen sind die ausgewählten Karten meist identisch. Oftmals lasse ich das Kind auch für jedes Elternteil ein oder nach Bedarf zwei Bildkarten auswählen. Hier kann ich einen Hinweis erhalten, wie das Kind intuitiv die Beziehung zu seinen Eltern wahrnimmt.

Als ich Marisa frage, welches Kreisgesicht ihr am besten gefällt, zeigt sie spontan auf das freie Kind. Bei der Frage, ob es noch ein Gesicht gibt, nickt sie lächelnd und deutet auf das rebellische Kind. Die von ihr favorisierten Bildkarten entsprechen auch meiner Beobachtung. In ihrem Spielverhalten nehme ich bei Marisa viel freies Kind wahr. Sie spielt z.B. gerne Rollenspiele in der Puppenecke. Hierbei hat sie viele kreative Ideen, die sie auch bei anderen bevorzugten Beschäftigungen wie Malen und Basteln ausdrückt. Wenn Marisa jedoch etwas nicht mag, sitzt sie mit verschränkten Armen und gesenktem Kopf am Tisch und reagiert nicht auf meine Ansprache. Anfangs habe ich in dieser Verhaltensweise eher eine Reaktion aus dem angepassten Kind vermutet. Doch die von ihr gewählte Bildkarte lässt mich nun eher auf eine innere Rebellion schließen.

Für ihre Mutter hat Marisa das freie und das angepasste Kind ausgesucht, für ihren Vater das Erwachsenen-Ich und das kritische Eltern-Ich. Auch diese Kreisgesichter passen zu meiner Wahrnehmung. In Elterngesprächen oder bei Abholsituationen wirkt die Mutter aufgrund ihrer Mimik, Gestik und Sprechweise eher verunsichert und angepasst, der Vater zuweilen etwas streng und unnahbar.

Martin kommt an den Tisch und schaut sich, sichtlich interessiert, die Kreisgesichtsymbole an. Er deutet auf die Karte des angepassten Kindes und sagt: "Dieses Gesicht ist komisch. Das gefällt mir nicht. Aber dieses Gesicht (deutet dabei auf das freie Kind) gefällt mir gut!" Als ich ihn frage, ob er auch ein Gesicht für seine Eltern aussuchen möchte, nickt er und zeigt spontan auf das fürsorgliche Eltern-Ich, („für den Papa") und auf das kritische Eltern-Ich („für die Mama"). Die von Martin ausgewählten Kreisgesichter passen ebenfalls zu meinen Beobachtungen. Beachtenswert finde ich, dass Martin das angepasste Kind sogleich aussortiert hat. Zu beginn seiner Kindergartenzeit habe ich bei ihm öfters angepasste Verhaltensweisen wahrgenommen. Mit Unterstützung der Gefühle-Scheibe hat Martin gelernt, in der Gruppe seine authentischen Gefühle wahrzunehmen und mitzuteilen, anstatt ein Ersatzgefühl darüber zu legen. Dies bedeutet eine Stärkung seines freien Kindes und gleichzeitig eine Reduzierung der angepassten Denk- und Verhaltensmuster.

Indem Martin lernt, seine Gefühle zu zeigen und auch die Gefühle anderer zu achten, wird er auch angeregt, sein Erwachsenen-Ich mit Energie zu besetzen. Durch die Handlung/Gefühl-Stellungnahme (Verantwortung für ein Gefühl auslösendes Verhalten zu übernehmen, sich ggf. entschuldigen und die Überprüfung von Fantasien), wird dieser Prozess noch weiter unterstützt..

Die Kreisgesichtsymbole von E. Kleinewiese laden dazu ein, mit Kindern, sowie auch mit erwachsenen Menschen auf Entdeckungsreise zu gehen und in einer kreativen und spielerischen Weise ihre verschiedenen Persönlichkeitsanteile kennen zu lernen. Die Basis hierfür ist eine offene, wertschätzende Grundhaltung gegenüber den Kindern und Erwachsenen in der *„Ich bin o.k. – du bist o.k."* Position.

Wenn wir anfangen, das Konzept der Ich-Zustände oder die gewählten Kreisgesichtsymbole als ein Schema zu benutzen, um Menschen vorschnell in so genannte „ Ich-Zustand-Schubladen" einzusortieren, könnte diese Vorgehensweise in die Position *„Ich bin o.k. – du bist nicht o.k."* (+-) führen. Wir laufen dann Gefahr, uns mit dem erworbenen Wissen über den anderen zu stellen und ihm zu vermitteln, dass er unwissend ist, oder das mit ihm „etwas nicht stimmt". Günstiger ist es, sich werteneutral auf das zu konzentrieren, was die beobachtete Person im Hier und Jetzt gerade zeigt. Um eine wirklich fundierte Diagnose erstellen zu können, ist es zudem wichtig, die entsprechende Person auch näher kennen zu lernen.

4.2.6 Ich-Zustände und Zuwendung

Im dritten Kapitel habe ich bereits beschrieben, dass das bewusste Geben und Nehmen von Zuwendung (Strokes) die Grundlage bildet, auf welcher emotionales Lernen stattfinden kann. Die Gestaltung einer die Entwicklung und Beziehung fördernden Zuwendungskultur steht in einem engen Zusammenhang mit der Besetzung der Ich-Zustände.

Stan Woolams, ein amerikanischer Transaktionsanalytiker hat hierzu ein Diagramm entwickelt, welches ich aus dem Buch *„Anwendung der Transaktionsanalyse" – Theorie und Praxis in der Schule, S. 194 von Thomas Meier-Winter* übernommen habe. (Thomas Meier-Winter lebt in der Schweiz, ist von Beruf Lehrer und ebenfalls Transaktionsanalytiker). In der Zusammenarbeit mit seinen Mitarbeitern stellte Stan Woolams fest, dass eine negative Zuwendung viel schwerer wiegt, als eine Botschaft mit positiver Qualität. Diese Tatsache liegt darin begründet, dass Erwachsene allein schon durch ihre Körpergröße Kindern verdeutlichen, dass es hier einen Kräfteunterschied gibt. Zudem stehen sie in einem Abhängigkeitsverhältnis. Sie haben keine Wahlmöglichkeit und können sich nicht spontan eine andere Familie, einen anderen Kindergarten oder eine andere Schule suchen.

Die Einflüsse von nahen Bezugs- oder Autoritätspersonen hinterlassen bei Kindern eine tiefe, oftmals lebenslang prägende (Aus-)Wirkung, denn sie sind in einem höheren Maße abhängig von der Zuneigung ihrer Bezugspersonen als erwachsene Menschen. Bei Kindern ist der Erwachsenen-Ich-Zustand auch noch nicht vollständig entwickelt. Daher können sie manche Reaktionen von erwachsenen Menschen nur begrenzt verstehen. (Dies gilt z.B. für ironische oder sarkastische Bemerkungen). Oftmals werden Reaktionen auch nur unzureichend oder gar nicht erklärt. Das Kind wird nicht darüber informiert, aus welchen Gründen in einer ganz bestimmten Weise reagiert worden ist. Diese Faktoren beeinflussen die Wirkung der Zuwendungsbotschaften, die an das Kind weitergegeben werden. Meiner Meinung nach beeinflusst diese Wirkung auch noch erwachsene Menschen in ihrem Kind-Ich-Zustand.

In dem nachfolgenden Diagramm werden die entsprechenden Einflüsse von negativer und positiver Zuwendung auf das Kind bildlich und in Form von positiven und negativen Einheiten, (+ oder – Zahlen), dargestellt.

Bedingungslos negative Zuwendung, die sich bekanntlich ja an die Existenz eines Menschen richtet, kommt zumeist aus einem rebellischen oder angepassten Kind-Ich: „Mit dir spiele ich nie mehr!", „Du bist an allem Schuld!", „Du kapierst wohl gar nichts!" oder „Mit dir kann man einfach nicht reden!" (-1000)

Nicht ganz so heftig, jedoch ebenfalls negativ wirkt die Zuwendung aus dem kritischen Eltern-Ich: „Heute seid ihr wirklich schlimm!", „Das ist mal wieder typisch Fabian!", „Halt doch endlich deinen vorlauten Mund und sei einfach still!" oder „Du bist wie alle Männer ...!" (-200)

Solche Botschaften haben für Kinder (und Erwachsene) eine destruktive, entwicklungshemmende Wirkung.

Die positive Zuwendung wird am intensivsten erlebt, wenn sie aus dem freien Kind kommt: „Klasse, Maria! Dein Bild gefällt mir wirklich gut!", „Ich freue mich sehr, dass du heute da bist!", „Ihr seid einfach tolle Kinder!" oder „Wenn du mich umarmst, wird mir ganz warm ums Herz!" (+100)

Positive Zuwendung aus dem fürsorglichen Eltern-Ich ist ebenfalls wohltuend, hat jedoch eine, etwa um die Hälfte, geringere Wirkung: „Dieser Aufsatz ist dir gut gelungen! Weiter so!", „Soll ich dir noch eine warme Decke bringen?", „Du bist ein liebenswerter Mensch/ein liebenswertes Kind!" (+50)

Die Zuwendung aus dem Erwachsenen-Ich hat die geringste positive Wirkung: „Deine Leistungen in Französisch haben sich deutlich verbessert!", „Heute habt ihr den Gruppenraum gut aufgeräumt!" oder „Ich bin sehr zufrieden mit Ihren Leistungen!" (+1)

Die Zahlen im nachfolgenden Diagramm weisen auf die unterschiedliche Wirkung der verschiedenen Zuwendungsformen hin. Die Minuszahlen zeigen an, dass negative Zuwendung, welche zumeist aus dem kritischen Eltern-Ich oder dem angepassten/rebellischen Kind-Ich gegeben wird, sehr intensiv prägend auf ein Kind einwirkt.

Die positive Zuwendung aus dem fürsorglichen Eltern-Ich, Erwachsenen-Ich oder dem freien Kind kann diese entwicklungshemmende Zuwendungsform nur schwer ausgleichen.

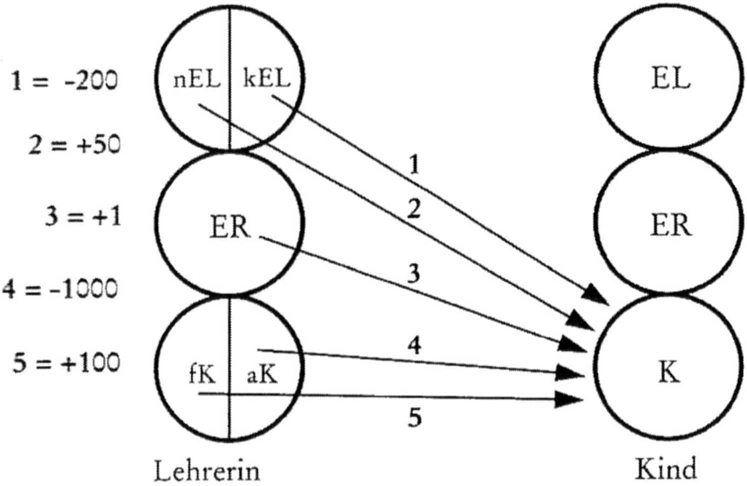

relativer Einfluss von Strokes

Das Diagramm und die entsprechenden Zahlen verdeutlichen, dass die Ich-Zustandsbesetzung bei dem Geben von Zuwendung eine wesentliche Rolle spielt. Menschen, die sich oft im kritischen Eltern-Ich oder im angepassten/rebellischen Kind befinden, werden wenig positive, die Entwicklung fördernde Zuwendung geben und auch annehmen können.

Wie sehr ein konstruktiver Umgang mit Zuwendung jedoch das Persönlichkeitswachstum beeinflusst und prägt, möchte ich an einem Buchzitat von Toni Meier aufzeigen:

„Jeder Mensch zieht aus der Art, wie er in seiner Kindheit Zuwendung erfahren hat, Schlussfolgerungen über sich selbst, seine Position, seinen Wert und seine Fähigkeiten. Ein Kind, das viele positive Zuwendung erhalten hat, wird sich selbst gerne mögen und sich als potent und leistungsfähig

einschätzen. Es wird sicher auch die Fähigkeit haben, andere Menschen so zu akzeptieren, wie sie eben sind und ihnen offen und vertrauensvoll entgegenzutreten.

Ein Kind aber, das mehr negative Antworten und Reaktionen auf sein Verhalten und seine Person bekommen hat, wird sich selbst gegenüber eine (sehr) kritische und ablehnende Haltung einnehmen. Es zweifelt häufig an seinen Fähigkeiten und schätzt sich selbst gering und minderwertig ein; es verhält sich mehr oder weniger abweisend anderen Menschen gegenüber, zeigt sich vornehmlich misstrauisch und wirkt damit auch eher verschlossen und abweisend." (Thomas Meier-Winter in „Anwendung der Transaktionsanalyse", S. 199/200)

Wenn wir Kinder in ihrer Entwicklung unterstützen und effiziente Lernprozesse gestalten wollen, so brauchen wir die produktiven Ich-Zustände. Mit Unterstützung dieser (konstruktiven) psychischen Energien kann eine wertschätzende und die Beziehung fördernde Zuwendungskultur aufgebaut werden, welche die Kinderseele stark macht.

„Echte Gemeinschaft ist da, wo es beides gibt: Gemeinsame Aktivität, aber auch Ruhe und Kontemplation. Und vor allem da, wo man gemeinsam lachen kann. Ich fürchte, wir verlieren das Lachen, wir verlieren das, was Kinder uns wieder geben: Diese Fähigkeit, sich ungezwungen und ohne äußere Kontrolle, sozusagen aus dem Nichts heraus freuen und lachen zu können. Denn das bedeutet ganz viel Kraft und Entwicklung." (Prof. Dietrich Grönemeyer in seinem Buch „Lebe mit Herz und Seele", S. 29, Herder Verlag)

4.3 Wie wir Kontakte gestalten – Die drei Transaktionsformen

Die Transaktionsanalyse heißt nicht zufällig Transaktions-Analyse. Eric Berne wollte mit dieser Bezeichnung bewusst die Bedeutsamkeit der Kontaktgestaltung zwischen Menschen hervorheben. Im Unterschied zur Psychoanalyse, die ihren Fokus auf das Seelenleben des einzelnen Menschen legt, geht es bei der Analyse von Transaktionen darum, wie Menschen in Form von unterschiedlichen Kommunikationsmöglichkeiten ihre Beziehungsebene gestalten. Im deutschen Sprachraum ist das Wort „Transaktion" eher in der Finanzwelt bekannt. Wenn z.B. von einem Konto Geld überwiesen oder abgebucht wird, spricht man von einer Transaktion, was in etwa die Bewegung oder Veränderung eines finanziellen Geschäftes bedeutet.

In der Transaktionsanalyse bedeutet eine Transaktion die **kleinste vollständige Einheit einer Kommunikation**. In einer Kommunikationseinheit findet – ebenso wie in der Finanzwelt - eine Bewegung oder Veränderung statt. Sie besteht aus einem **Stimulus** (einer Bemerkung, einer Frage, einem Minenspiel etc.), sowie der darauf folgenden **Reaktion** und umfasst die **verbalen** wie auch die **nonverbalen Aspekte** der Kommunikation.

Ein Gespräch besteht somit aus einer Vielzahl unterschiedlicher Transaktionen zwischen den verschiedenen Ich-Zuständen der beteiligten Personen. Meist verlaufen solche Transaktionen jedoch unbewusst. Das Funktionsmodell der Ich-Zustände bietet daher ein sehr anschauliches Konzept zur **Beschreibung, Erklärung und bewussten Gestaltung der Kommunikation** zwischen zwei Menschen.

An dieser Stelle möchte ich noch einmal darauf hinweisen, dass die Ich-Zustände niemals den realen Menschen abbilden, sondern lediglich

Verhaltensweisen und Gedankenmuster beschreiben. Claude Steiner beschreibt diesen Sachverhalt folgendermaßen:

„...Auch hier liegt der Wert dieses Konzeptes darin, inwiefern es seinem Zweck dient: Es soll uns verdeutlichen, wie menschliches Sozialverhalten abläuft. Die drei Zustände können das soziale Wesen in seinen Transaktionen abbilden. Wenn also ein Transaktionsanalytiker zwei Menschen in ihren drei Ich-Zuständen an die Tafel malt, dann repräsentiert diese Zeichnung genauso wenig den realen Menschen wie ein Stadtplan eine Stadt repräsentiert. Dennoch ist sie genauso nützlich wie ein Stadtplan, um den Weg durch unser soziales Umfeld zu finden, und das macht sie zu wertvollen Hilfsmitteln". (Claude Steiner in „Emotionale Kompetenz", S. 249)

Wollen wir also herausfinden, wie wir Kommunikation gestalten, so müssen wir unsere Transaktionen näher untersuchen. Wenn wir einen Menschen ansprechen, besetzen wir dabei –bewusst oder unbewusst – einen der uns zur Verfügung stehenden Ich-Zustände mit Energie. Der von unserem gewählten Ich-Zustand ausgehende Stimulus ist gezielt an einen bestimmten Ich-Zustand bei unserem Gegenüber gerichtet. Wir erwarten oder erhoffen eine Reaktion aus dem Ich-Zustand, den wir angesprochen haben. Unser Gesprächspartner kann nun unsere Einladung annehmen und aus dem angesprochenen Ich-Zustand reagieren – oder aus einem anderen Ich-Zustand heraus. Je nachdem aus welchem Ich-Zustand unser Gegenüber reagiert, ergeben sich drei verschiedene Möglichkeiten zu kommunizieren oder, anders formuliert, eine Transaktion zu gestalten:

- **Parallele Transaktionen**
- **Gekreuzte Transaktionen**
- **Verdeckte Transaktionen**

Zu jeder Transaktionsform gibt es auch eine entsprechende Kommunikationsregel.

4.3.1 Wie es unbegrenzt weitergehen kann - Parallele (komplementäre) Transaktionen

Parallele Transaktionen werden in der Fachsprache zuweilen auch komplementäre (ergänzende) Transaktionen genannt. Bei parallelen Transaktionen reagiert der Empfänger aus dem Ich-Zustand heraus, den der Sender angesprochen hat. Dementsprechend verlaufen die Pfeile im Diagramm parallel. Anhand von zwei Schaubildern möchte ich dies näher verdeutlichen:

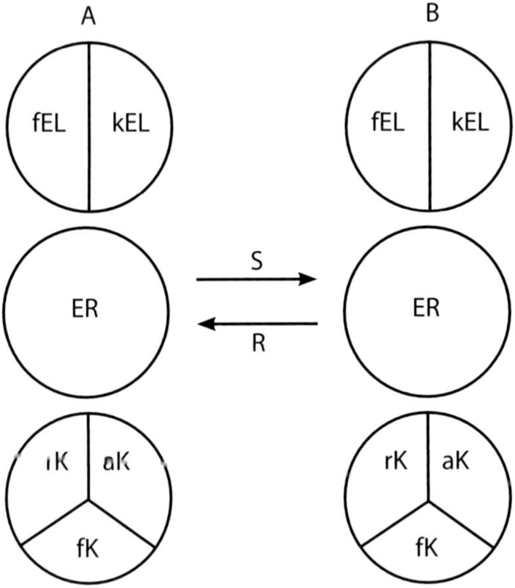

A: „Wie spät ist es?" B: „Genau drei Uhr!"

A: „Aufgrund der Sparmaßnahmen wird es in unserer Einrichtung zu finanziellen Einschränkungen kommen."

B: „Welche Auswirkungen wird dieser Tatbestand für die Einrichtung haben?

Der Stimulus kommt aus dem Erwachsenen-Ich und ist mit einer Frage an das Erwachsenen-Ich des Gegenübers gerichtet. Die Reaktion des Gegenübers erfolgt ebenfalls aus dessen Erwachsenen-Ich. Gespräche dieser Art werden auf der sachlichen Ebene geführt, sie beinhalten Wissensvermittlung, Erklärungen oder dienen zum Austausch von Informationen.

Wenn sich zwei Menschen in Ihrem (kritischen) **Eltern-Ich** unterhalten, findet ebenfalls eine **Paralleltransaktion** statt:

A: „Die heutige Jugend ist in ihrem Denken und handeln ziemlich egoistisch!"

B: „Ja, da bin ich derselben Meinung! Sie hat keinen Anstand und wenig Respekt!"

A: „Gestern wurde in der Zeitung schon wieder über einen Fall von Kindesmisshandlung berichtet."

B: „Ich habe den Artikel auch gelesen. Die Behörden greifen einfach zu spät ein!"

Eric Berne hat für diese Form von Eltern-Ich-Gesprächen die Bezeichnung *„Ist es nicht schrecklich …"* verwendet. Wenn sich zwei Menschen in ihrem Eltern-Ich unterhalten, befinden sie sich oftmals in der Grundposition *„Wir sind o.k. – die anderen sind nicht o.k."*

Paralleltransaktionen im Kind-Ich sind meist sehr lebendig und unterhaltsam:

A: „Wollen wir heute in der Puppenecke wieder Mutter-Kind spielen?"

B: „Au ja! Kann ich diesmal die Mutter sein?"

A: „Ich hätte heute Lust auf eine leckere Pizza!"

B: „Oh ja, das ist eine gute Idee! Pizza habe ich schon seit einigen Wochen nicht mehr gegessen!"

Paralleltransaktionen können jedoch auch von einem Eltern-Ich zum Kind-Ich oder umgekehrt verlaufen:

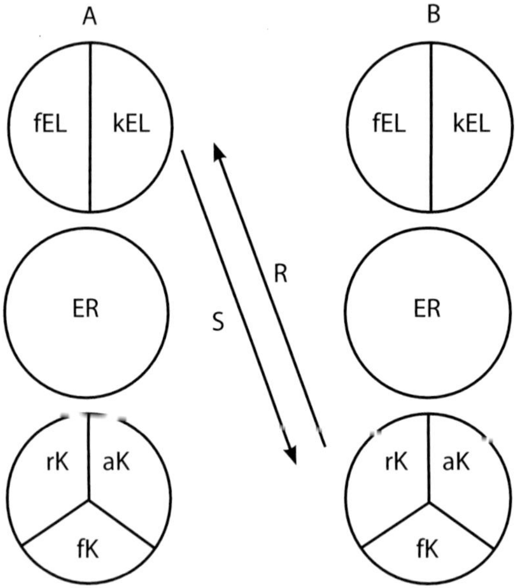

A: „Sie gehen wohl bei jedem Wetter mit den Kindern raus?

B: „Frische Luft ist nun mal sehr gesund für Kinder!"

Diese vorwurfsvoll klingende Frage (Stimulus) von A kommt höchst wahrscheinlich aus einem kritischen Eltern-Ich. Überprüfen können wir diese Annahme anhand der verhaltensbezogenen Diagnose (Mimik, Körperhaltung, Klang der Stimme). Die Antwort (Reaktion) von B kommt, wenn sie in einem schnippischen Tonfall geäußert wird, aus dem rebellischen Kind.

Ein Stimulus von A aus dem fürsorglichen Eltern-Ich könnte folgendermaßen klingen: „Falls Sie heute mit den Kindern rausgehen, so achten Sie doch bitte darauf, dass meine Tochter ihre Mütze aufsetzt. Sie ist noch etwas erkältet!"

Wenn B nun in einer parallelen Transaktion aus dem angepassten Kind reagiert, lautet die Antwort vielleicht: „Ich versuche, daran zu denken. Hoffentlich vergesse ich es bis dahin nicht!"

Einer Reaktion von B aus dem freien Kind würde sich anders anhören: „Klar, mach ich! Wir können ja die Mütze gleich als erstes aufsetzen, wenn wir uns nachher anziehen!"

Die 1. Kommunikationsregel besagt: Transaktionen dieser Art können beliebig lange fortgesetzt werden.

Im Hinblick auf die drei psychologischen Grundbedürfnisse nach Stimulus, Struktur und Anerkennung zeigt sich bei parallelen Transaktionen eine vorhersehbare, gleich bleibende **Struktur**. In Teambesprechungen, bei Elterngesprächen oder auch bei der Konfliktklärung ist ein solch gleich bleibender Austausch im Erwachsenen-Ich äußerst hilfreich. Doch mit der Zeit kann diese Struktur auch langweilig werden, z.B. in einem längeren

Vortrag oder im Unterricht. Eine Veränderung in der Kommunikation bewirkt einen neuen Anreiz und befriedigt damit das Bedürfnis nach **Stimulation**. Diese Veränderung wird durch eine Kreuzung der Transaktion erreicht – was manchmal auch zu einer kurzzeitigen Verwirrung führt.

4.3.2 Wie Verwirrung entstehen kann - Gekreuzte Transaktionen

Bei gekreuzten Transaktionen reagiert der Empfänger nicht aus dem angesprochenen Ich-Zustand des Senders. Dadurch kommt es zu einer **kurzzeitigen Unterbrechung** oder **Irritation in der Kommunikation. Soll diese wieder glatt ablaufen, muss einer der Gesprächspartner oder müssen beide den Ich-Zustand wechseln. (2. Kommunikationsregel)**.

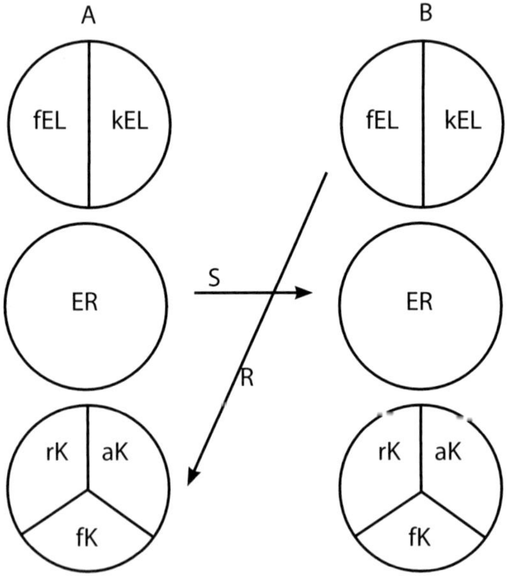

Anhand der beiden Schaubilder möchte ich zwei Beispiele für gekreuzte Transaktionen darstellen.

A: „Ich würde gerne mit Ihnen einen Termin für ein Elterngespräch vereinbaren."	B: „Das fällt Ihnen aber ziemlich spät ein! Die anderen Eltern haben alle schon einen Termin."

Nach dem Wortlaut zu urteilen hat A mit großer Wahrscheinlichkeit sein Erwachsenen-Ich mit Energie besetzt. Der Stimulus ist in Form einer Anfrage an B gerichtet.

B reagiert nicht aus dem angesprochenen Ich-Zustand, (Erwachsenen-Ich). Die Antwort von B klingt vorwurfsvoll. Mit großer Wahrscheinlichkeit hat B – aus irgendwelchen Gründen – sein kritisches Eltern-Ich mit Energie besetzt. Für eine genauere Bestimmung wäre in einem realen Gespräch hierfür die Anwendung der verhaltensbezogenen Diagnose wiederum sehr hilfreich. In welchem Tonfall spricht B? Was können wir in der Mimik, Gestik, Körperhaltung beobachten?

Durch die Antwort von B ist auf jeden Fall eine Irritation im Gespräch eingetreten. A hat nun verschiedene Möglichkeiten, das Gespräch weiter zu führen. Im ersten Beispiel ist für A die Versuchung groß, die Einladung von B anzunehmen und auf die kritische Haltung im angepassten Kind zu reagieren.

A: „Ich wollte doch schon lange mit Ihnen einen Termin vereinbaren. Ich hab es nur leider immer wieder vergessen. Es hat mich auch niemand daran erinnert!"

Es könnte jedoch auch sein, dass A beschließt, sich in einer eher „wehrhaften" Weise zu verteidigen und deshalb sein rebellisches Kind oder ebenfalls das kritische Eltern-Ich mit Energie besetzt.

A: „Besser spät als nie! Wollen Sie nun einen Termin oder wollen Sie keinen?" oder

A: „In welchem Ton reden Sie hier eigentlich mit mir? Das muss ich mir in keinem Fall bieten lassen."

Auf jeden Fall käme es infolge einer solchen Ich-Zustandbesetzung zu einer eher unerfreulichen Paralleltransaktion, bei der das Anliegen von A (Termin für ein Elterngespräch vereinbaren) vorerst keine Beachtung findet. Für einen lösungsorientierten Gesprächsverlauf wäre eine erneute Kreuzung der Transaktion nötig.

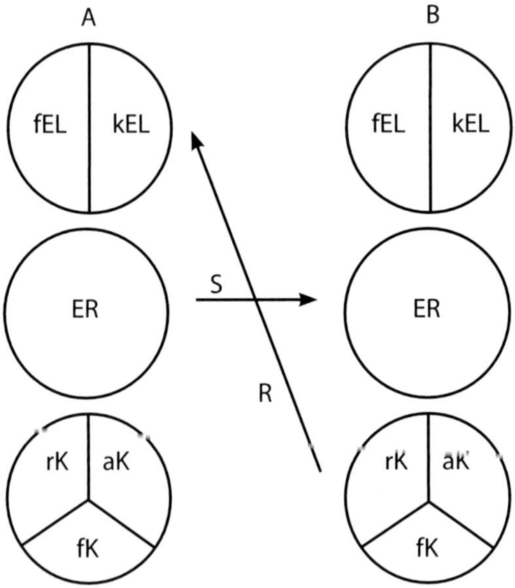

A: „Haben Sie mit der Beratungsstelle einen Termin vereinbart?“

B: „Ich habe wirklich versucht, daran zu denken. Aber wir hatten halt in den letzten Tagen so viel Stress!“

A richtet einen Stimulus in Form einer Frage an B. Sehr wahrscheinlich kommt diese eher neutral gehaltene Frage aus seinem Erwachsen-Ich. B antwortet als Reaktion in einer angepassten, andeutungsweise unterwürfigen Haltung. In einem realen Gespräch könnte hier ebenfalls anhand der verhaltensbezogenen Diagnose überprüft werden, ob sich die vermuteten Ich-Zustände als stimmig erweisen.

Da B nicht aus seinem Erwachsenen-Ich reagiert hat, ist der Kontakt auch in diesem Gespräch erst einmal unterbrochen worden. Für den weiteren Gesprächsverlauf kommt es nun darauf an, welche Ich-Zustände die beiden Kommunikationspartner mit Energie besetzen. Hierbei ist es äußerst sinnvoll, auf gewisse Abläufe in der Kommunikation zu achten:

Wird im Ablauf eines Gespräches ein Kind-Ich-Zustand mit Energie besetzt, so fühlt sich der Gesprächspartner oftmals eingeladen, in einen Eltern-Ich-Zustand zu gehen. Umgekehrt lädt ein Stimulus aus dem kritischen oder fürsorglichen Eltern-Ich dazu ein, einen Kind-Ich-Zustand mit Energie zu besetzen.

Die Erstellung eines Egogramms gibt uns auch nützliche Hinweise über die Kommunikationsform, die wir – zuweilen unbewusst – im Kontakt mit anderen Menschen benutzen. Anhand des Säulendiagramms können wir erkennen, welche Ich-Zustände wir öfters mit Energie besetzen und demzufolge auch in der Kommunikation anwenden. Befinden wir uns häufig in einem Eltern-Ich und/oder Kind-Ich-Zustand, laden wir unser Gegenüber in eine Paralleltransaktion ein. Nun kommt es darauf an, aus welchem Ich-Zustand unser Gegenüber reagiert. Vielleicht ist es sinnvoll, diese Transaktion zu kreuzen. Eine Kreuzung der Transaktion kann **bewusst herbeigeführt** werden, um den (die) Gesprächspartner (in) in einen anderen Ich-Zustand „einzuladen". Das bedeutet, aus einem **„unproduktiven" Ich-Zustand** (kEL, aK, rK) heraus in einen **„produktiven" Ich-Zustand** (fEL, ER, fK) zu wechseln.

Besonders in Konfliktsituationen oder bei problematischen Elterngesprächen ist es äußerst sinnvoll, die Transaktionen bewusst zu kreuzen, um das Gespräch auf einer sachlichen Ebene (ER-ER) weiterführen zu können. Betrachten wir uns hierfür noch einmal die beiden Schaubilder. Wenn A sich – trotz der Kreuzung von B – entscheidet, weiterhin in seinem Erwachsenen-Ich zu bleiben, kreuzt er bewusst die Transaktion von B.

B: „Das fällt ihnen aber ziemlich spät ein! Die anderen Eltern haben alle schon einen Termin!"

A: „Liege ich richtig mit der Annahme, dass Sie schon länger auf die Einladung zu einem Elterngespräch warten?"

Mit dieser Kreuzung wird B eingeladen, ebenfalls sein Erwachsenen-Ich zu besetzen und das Gespräch auf einer sachlichen Ebene Ich-Zustand weiter zu führen. Wenn B sich bei der Verteilung der Termine tatsächlich übergangen gefühlt hat, würde eine **Handlung/Gefühl-Stellungnahme** den weiteren Verlauf des Gespräches wirksam unterstützen.

Im zweiten Schaubild könnte eine erneute Kreuzung folgendermaßen ablaufen:

B: „Ich habe wirklich versucht, daran zu denken. Aber wir hatten halt in den letzten Tagen so viel Stress!"

A: „Ich höre, dass Sie bisher wenig Zeit hatten. Werden Sie nun in den nächsten Tagen bei der Beratungsstelle anrufen?"

Mit einer Frage aus seinem Erwachsenen-Ich lädt A seinen Gesprächspartner ein, den Ich-Zustand zu wechseln. Es liegt jetzt an B, auf dieses

Angebot einzugehen und auf einer sachlichen Gesprächsebene eine Lösung zu finden. Falls B jedoch beschließt, weiterhin im angepassten Kind-Ich zu bleiben, wird das Gespräch einen unproduktiven Verlauf nehmen. Für A bleibt dann letztendlich nur die Möglichkeit, dass **Gespräch abzubrechen**, oder zumindest das **Thema zu wechseln**.

Transaktionen in der Pubertät. Die bewusste Wahrnehmung und Berücksichtigung von parallelen und gekreuzten Transaktionen kann in der Pubertät die zuweilen heftigen Auseinandersetzungen zwischen Eltern und Kindern etwas entschärfen. Pubertierende wollen sich abgrenzen und besetzen daher häufig ihr rebellisches Kind und ihr kritisches Eltern-Ich mit Energie. Die gut gemeinte Zuwendung ihrer Eltern aus deren fürsorglichem Eltern-Ich empfinden sie an manchen Tagen eher als Belästigung und Bevormundung:

Mutter: „Heute Morgen ist es ziemlich kühl. Möchtest du nicht deine warme Jacke anziehen?"
Tochter: „Du nervst!" (Geht ohne Jacke aus dem Haus).
Mutter: „Zum Mittagessen gibt es heute ganz frisches Gemüse!"
Tochter: „Ich habe aber keinen Hunger! Höchstens auf Cornflakes!"
Vater: „Wie läuft es in der Schule?
Tochter: „ Die Schule ist bescheuert – und die Lehrer ebenso!"

Bei Sätzen wie „Schule ist doof!", „Ich bin zu faul"!, „Wieso immer ich?", „Bei uns gibt es nie ...!", „Weiß ich doch nicht!" „Alle Lehrer sind …!", „Ihr versteht mich einfach nicht!" oder „Über meine Eltern könnte ich mich ständig aufregen …!" entsteht bei den Eltern eine tendenzielle Versuchung, ihr kritisches Eltern-Ich mit Energie zu besetzen. Jahrelang hat man dieses Kind mit Liebe und Fürsorge begleitet – und nun kommen solche Antworten! Die Tendenz, aus dem kritischen Eltern-Ich zu reagieren, ist also verständlich. Allerdings könnte sich daraus ein Streitgespräch in Form einer (unproduktiven) Paralleltransaktion entwickeln. Daher ist es sinnvoll, mit Unterstützung des Erwachsenen-Ichs die Transaktion zu kreuzen:

„Ich höre, dass du mit der Schule zurzeit unzufrieden bist!"
„Ich merke, dass du heute keinen Appetit auf frisches Gemüse hast."
„Ich höre, dass du mit deinen Lehrern/Eltern unzufrieden bist!"
„Ich höre, dass du im Augenblick wenig Lust zum Lernen hast!"

An manchen Tagen kann mit einer solchen Kreuzung das Gespräch auf eine sachlichere Ebene gelenkt werden, da der/die Jugendliche bereit ist, sein/ihr Erwachsenen-Ich mit Energie zu besetzen. Doch es könnte durchaus auch vorkommen, dass sie in ihrem Bedürfnis nach Rebellion und Abgrenzung mit folgender Antwort die Transaktion erneut kreuzen:

„Dein Psycho-Gequatsche nervt!"
„Lass mich doch einfach in Ruhe!"
„Ich habe jetzt keine Lust, weiter darüber zu reden!"
„Du wolltest doch noch einkaufen gehen!"

Bei einem solchen Kommunikationsverlauf kann an diese Stelle das Gespräch abgebrochen oder bewusst das Thema gewechselt werden. Eine andere Möglichkeit wäre, die Transaktion noch einmal zu kreuzen. Dies würde bedeuten, ganz bewusst aus dem Erwachsenen-Ich in das freie Kind zu wechseln und mit einer – vielleicht sogar etwas provokant klingenden – Transaktion einen Richtungswechsel in dem Gespräch herbeizuführen. Mit etwas Glück wird hierbei das freie Kind des Jugendlichen angeregt:

„Ich wollte dir halt heute mal wieder die Ohren voll quatschen!"

„Eine gute Idee. Vielleicht brauche ich ja auch etwas mehr Ruhe!"
„Schade, dass du keine Lust zum Reden hast. Dann unterhalte ich mich halt noch ein bisschen mit der Wand!"
„Stimmt! Ich wollte heute noch einkaufen gehen. Vielleicht hast du ja sogar Lust, mich zu begleiten?"

In der Gesprächsführung spielt letztendlich die Selbstreflexion eine entscheidende Rolle. Je mehr Aufmerksamkeit wir unserer eigenen Ich-Zustandsbesetzung widmen, desto bewusster und effektiver können wir mit der Zeit auch die Gespräche mit den Kindern, MitarbeiterInnen oder Vorgesetzen in eine positive Richtung lenken.

Daher ist es sinnvoll, immer wieder die eigene Wahrnehmung zu trainieren und - vielleicht mit der Neugierde des freien Kindes - hinzuhören, wer da in uns oder mit uns spricht.

Neben den beiden beschriebenen Kommunikationsformen gibt es noch eine dritte Art und Weise, miteinander zu kommunizieren. In manchen Gesprächen laufen „zwei Programme" gleichzeitig ab. Neben der äußerlich erkennbaren Ebene gibt es noch eine zweite, verborgene Ebene, die das Gespräch in einer entscheidenden Weise mit beeinflusst.

4.3.3 Was im Verborgenen läuft – Verdeckte Transaktionen

Verdeckte Transaktionen bestehen aus einer so genannten **offenen (sozialen)** und einer **verdeckten (psychologischen) Botschaft**. Auf der äußerlich erkennbaren Ebene findet zwischen zwei Ich-Zuständen eine Paralleltransaktion statt. Gleichzeitig gibt es im Verborgenen eine zweite, „heimliche" Kommunikation. Letztendlich sind also zwei Ich-Zustände einer Person an dem Gespräch beteiligt.

Zwei Beispiele für verdeckte Transaktionen:

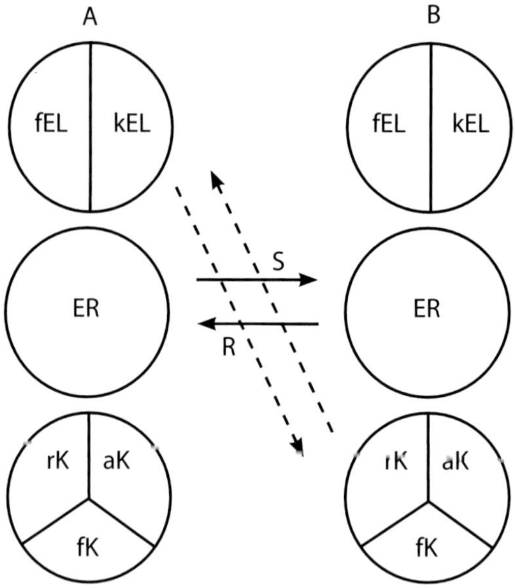

A: „Der Gruppenraum ist noch nicht aufgeräumt."

B: „Wir räumen ihn jetzt auf."

(Heute sind die Kinder wieder schlimm!")

(Immer dieses blöde Aufräumen!")

Auf den ersten Blick sendet A aus seinem Erwachsenen-Ich einen Stimulus an B.

Es ist eine sachliche Feststellung, dass der Gruppenraum noch nicht aufgeräumt ist. B reagiert mit seiner Rückmeldung augenscheinlich ebenfalls aus seinem Erwachsenen-Ich.

Innerlich meldet sich bei A jedoch noch eine andere, verborgene Stimme, die aus dem kritischen Eltern-Ich kommt. A ärgert sich über das Verhalten der Kinder. Anstatt dies in einem offenen Dialog zu benennen, z.B. in Form einer Handlung/Gefühl-Stellungnahme, werden die Kinder heimlich (verdeckt) kritisiert.

B reagiert auf diese nicht offen geäußerte Kritik ebenfalls mit einer verdeckten parallelen Transaktion aus dem rebellischen Kind heraus.
Auf einer sachlichen Ebene findet ein Informationsaustausch statt, während sich zur gleichen Zeit auf der Beziehungsebene ein Konflikt zwischen einem (kritischen) Eltern-Ich und einem (rebellischen) Kind anbahnt. Daraus geht hervor, dass die Sach- und die Beziehungsebene bei einer verdeckten Transaktion nicht übereinstimmen.

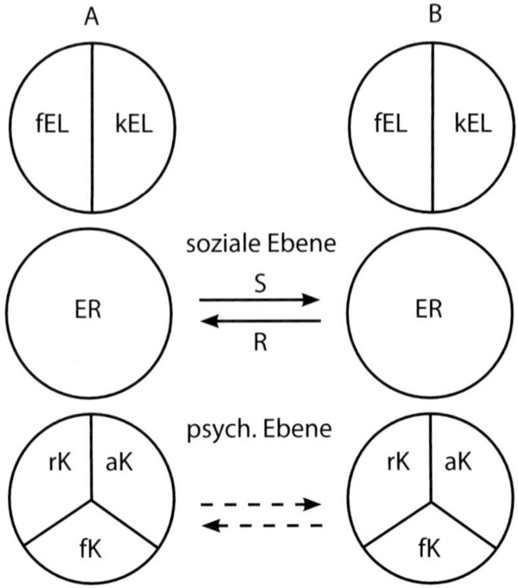

A: „Gibt es dieses Jahr wieder einen Bastel-Elternabend?"

(„Der letzte Bastel-Elternabend war echt klasse!")

B: „Ja, wir werden wieder solch einen Abend anbieten!"

(„Toll, der letzte Bastel-Elternabend hat Ihnen anscheinend gefallen!")

Von einem ersten Eindruck her sendet A eine sachlichen Frage aus seinem Erwachsenen-Ich an B. Die Antwort von B erfolgt ebenfalls aus dessen Erwachsenen-Ich. Bei genauerem Hinspüren ist in dem Gespräch noch ein zweiter Ich-Zustand wahrnehmbar.

Das freie Kind von A wünscht sich wieder einen Bastel-Elternabend. B reagiert ebenfalls aus seinem freien Kind und freut sich, dass der letzte Elternabend Anklang gefunden hat. Durch die beiderseitige Energie des freien Kindes kommt es in diesem Fall zu einem angenehmen verdeckten Austausch.

Bei verdeckten Transaktionen wird das, was eigentlich gemeint ist, nicht direkt ausgesprochen, sondern es lässt sich nur indirekt entschlüsseln, z.B. aus der Mimik, Gestik oder dem Klang der Stimme. Oftmals sind es Wünsche oder Kritik, die nicht offen geäußert werden, weil die betreffende Person sich nicht traut, über ihre Gefühle oder einen Sachverhalt zu sprechen. Bei Flirtversuchen oder bei ironischen Bemerkungen senden Menschen auf „spielerische" Weise bewusst verschlüsselte Botschaften aus:

A: „Gehen Sie öfters in diesem Park spazieren?" - Soziale Ebene

(„Diese Frau ist interessant. Ich würde sie gerne näher kennen lernen." – Verdeckte Ebene)

B antwortet: „Ja, besonders bei schönem Wetter komme ich öfters hierher.

(„Dieser Mann gefällt mir. Ob er wohl öfters hier spazieren geht?" – Verdeckte Ebene)

Bei verdeckt geführten Dialogen dieser Art erfahren die beteiligten Personen keine Abwertung oder Verletzung. Wenn jedoch beispielsweise eine versteckte Kritik aus dem kritischen Eltern-Ich oder aus dem angepassten/rebellischen Kind mitschwingt, wird das Gespräch einen unerfreulicheren Verlauf nehmen:

A: „Herbert, hast du heute die Spülmaschine ausgeräumt?" – Soziale Ebene

(„Er kann einfach das Geschirr nicht ordentlich wegräumen!" – Verdeckte Ebene)

B: „Ja, das habe ich heute Mittag schon gemacht!" – Soziale Ebene

(„Immer hat sie etwas an meiner Arbeit auszusetzen!" – Verdeckte Ebene)

Für Gespräche mit verdeckten Botschaften ist folgendes zu beachten:

Bei einer verdeckten Transaktion bestimmt die psychologische Ebene den weiteren Verlauf der Kommunikation (3. Kommunikationsregel).

Dies bedeutet, dass der weitere Gesprächsverlauf in den meisten Fällen in einer unguten, spannungsgeladenen Atmosphäre stattfinden wird. Daher ist es wichtig, die verschlüsselten Botschaften rechtzeitig zu erkennen und sie „aufzudecken".

Die verhaltensbezogene Diagnose gibt die Möglichkeit, verdeckt ablaufende Botschaften zu erkennen. Mimik, Gestik, Körperhaltung, Sprechweise stimmen bei verdeckten Transaktionen nicht mit den verbal geäußerten Worten überein.

Kinder haben noch ein feines Gespür für verdeckte Botschaften. Sie merken schnell, dass im Gespräch etwas nicht „stimmig" ist, das es sozusagen einen „doppelten Boden" gibt. Gerade bei für sie bedeutungsvollen Bezugspersonen versuchen sie dann, die zwischen den gesprochenen Zeilen verdeckte Botschaft zu entschlüsseln, weil sie merken, dass dort die eigentliche, für sie bedeutsamere Information liegt. Man hat herausgefunden, dass in der Familiengeschichte von schizophrenen Menschen hauptsächlich solch verdeckte, mit der Zeit verrückt machende Botschaften weitergegeben werden. Für eine gesunde seelische Entwicklung brauchen Kindern (und Erwachsene) klare, eindeutige Botschaften. Die bewusste Gestaltung einer wertschätzenden Zuwendungskultur, sowie die Förderung von emotionaler Kompetenz bilden den Boden für offene Gespräche.

Manchmal ist es der betreffenden Person gar nicht bewusst, dass in ihrem Gespräch noch eine zweite, verdeckte Botschaft wahrnehmbar ist. Vermutet man in einem Gespräch eine unterschwellig verdeckt ablaufende Botschaft, ist es sinnvoll, diese anzusprechen und gegebenenfalls im Erwachsenen-Ich zu konfrontieren: „Ich höre in deinen Worten noch etwas anderes heraus... Ist an meiner Vermutung ein Körnchen Wahrheit dran? (Die Transaktion wird in diesem Fall gekreuzt)

Eine andere Möglichkeit ist das Ignorieren der verdeckten Ebene oder der Abbruch des Kontaktes.

„Der konstruktive Verlauf eines Gespräches steht und fällt damit, inwiefern es den Gesprächspartnern gelingt, überwiegend aus den produktiven Ich-Zuständen heraus miteinander zu kommunizieren. Dazu ist es erforderlich, die Ich-Zustände zu erkennen, ein Gespür für die Wirksamkeit der Transaktionen zu entwickeln und gegebenenfalls gezielt intervenieren zu können." (Gührs und Nowak in „Trainingshandbuch zur konstruktiven Gesprächsführung", S. 114).

Werden verdeckte Transaktionen nicht bewusst gemacht und gekreuzt, entsteht im weiteren Verlauf des Gespräches ein so genanntes „Drama-Dreieck".

4.4 Störung in der Kommunikation – Das Drama-Dreieck

Das Drama-Dreieck wurde von einem amerikanischen Transaktionsanalytiker namens Stephen Karpman entwickelt. Anhand eines einfachen Diagramms in Dreiecksform beschreibt es den Verlauf eines Kommunikationsmusters, in welchem drei verschiedene Rollen zu beobachten sind: Den **Retter**, das **Opfer** und den **Verfolger**. Die Kommunikation im Drama-Dreieck besteht aus parallelen, verdeckt ablaufenden Transaktionen. Im Verlauf des Gespräches findet ein Rollenwechsel statt. Das Opfer besetzt z.B. die Verfolgerrolle, während der Verfolger die Opfer- oder Retterrolle einnimmt. Charakteristisch ist, dass es im Drama –Dreieck zu keiner sachlichen Klärung oder Problemlösung kommt, da die Unterstützung des Erwachsenen-Ichs fehlt. Die beteiligten Personen besetzen im Gesprächsverlauf wechselweise unproduktive Ich-Zustände mit Energie. Jede dieser drei Rollen geht dementsprechend auch mit einer „nicht o.k." Grundhaltung einher.

Hier greife ich die zuvor beschriebene verdeckte Transaktion noch einmal auf:

A: „Herbert, hast du heute die Spülmaschine ausgeräumt?" (Kritischer Unterton in der Stimme)

B: „Ja, das habe ich heute Mittag schon gemacht!" (In einem resignierenden Tonfall)

A: „Wann begreifst du endlich, dass die tiefen und die flachen Teller gesondert aufgestapelt werden?" (Verstärkt kritischer Tonfall)

B: „Immer mache ich alles falsch!" (Verstärkte Resignation in der Stimme hörbar)

C: „Ich finde es gut, dass Papa sich an der Hausarbeit beteiligt. Er kann sich halt nicht alles merken!" (In beschwichtigendem Tonfall)

A: „ Ja, ich weiß, ich habe wohl einfach zu hohe Erwartungen an euch!" (Resignation in der Stimme)

C: „komm jetzt nicht wieder mit deiner Mitleidstour, die kotzt mich nämlich schon an!" (Stark kritischer Tonfall)

B: „So sprichst du nicht mit deiner Mutter! Verlass sofort die Küche!" (Ebenfalls stark kritischer Tonfall)

C: „Jetzt bin ich wieder an allem schuld …!" (In einem resignierenden Tonfall gesprochen, geht aus der Küche)

A: „Herbert, hör sofort auf, das Kind anzuschreien!" (Heftig kritischer Tonfall)

B: „ Ach ja, man kann es dir einfach nicht recht machen ...!" (In einem resignierenden Tonfall gesprochen, verlässt ebenfalls die Küche)

Das Drama-Dreieck verläuft in diesem Dialog folgendermaßen:

A verfolgt B aus einem Ärger über die nicht richtig gestapelten Teller.
B resigniert und fühlt sich als Opfer.
A bleibt in der Verfolgerrolle und verstärkt die Kritik.
B bleibt in der Opferrolle.
C versucht zu vermitteln und rettet B.
A geht daraufhin in die Opferrolle.
C ärgert sich und verfolgt nun A.
B verlässt die Opferrolle und verfolgt C.
C geht nun in die Opferrolle.
A verfolgt daraufhin B.
B geht wieder in die Opferrolle.

Gesprächsverläufe dieser Art werden überall dort geführt, wo Menschen miteinander in Kontakt treten, in der Familie, am Arbeitsplatz, in freundschaftlichen Beziehungen. Jedoch auch wenn man mit sich selbst kommuniziert, kann daraus ein Drama-Dreieck entstehen. Entscheidend ist, welche Rollen in dem inneren Dialog wechselseitig besetzt werden. Menschen in der Verfolgerrolle agieren meist aus ihrem kritischen Eltern-Ich, manchmal auch aus dem rebellischen Kind. Die darunter liegende Grundposition ist „ Ich bin o.k.", (denn ich habe recht) – „Du bist nicht o.k.", (denn du hast nicht recht, oder du bist schuld). Retter befinden sich in einem überfürsorglichen Eltern-Ich. Mit dieser Haltung werten sie die Fähigkeit der anderen Person ab, selbstständig zu denken und Lösungsmöglichkeiten zu finden. Daher ist auch hier die zugrunde liegende Position „Ich bin o.k.", (denn ich weiß, was gut für dich ist!) – Du bist nicht o.k.", (denn du weißt nicht, was gut für dich ist, was du eigentlich brauchst).

Opfer agieren aus dem „hilflosen" angepassten Kind und besetzen daher die Position „Ich bin nicht o.k.", (denn ich bin so schwach). – „Du bist o.k.", (denn du bist stark und kannst mir helfen).

Die graphische Darstellung des Drama-Dreiecks sieht folgendermaßen aus:

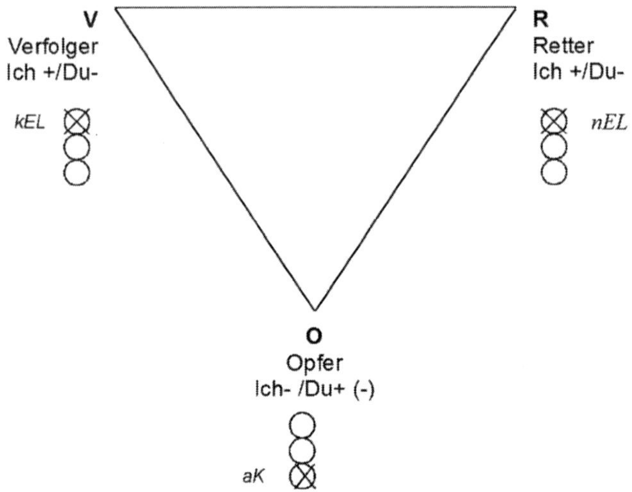

(Die graphische Darstellung habe ich aus dem Buch „Das konstruktive Gespräch", S.110 von M. Gührs und C. Nowak übernommen)

Je nachdem, zu welcher Grundposition sich ein Mensch, aufgrund seiner einengenden Erfahrungen, am meisten hingezogen fühlt, wird er die dementsprechende Rolle im Drama-Dreieck besetzen. Gespräch im Drama-Dreieck verlaufen unproduktiv, denn die reale Sicht der Wirklichkeit ist getrübt. Die drei Positionen sind in einem eingeschränkten Kommunikationsmuster miteinander verstrickt und drehen sich in ihrer abwechselnden Rollenbesetzung im Kreis. Hierbei wird eine Menge, zumeist negative Zuwendung ausgetauscht. Am Ende des Gespräches fühlen sich die Rolleninhaber irgendwie unwohl. Die begleitenden Gefühle sind nicht authentisch, oftmals sind es (vertraute) Ersatzgefühle, die von den beteiligten Personen wahrgenommen werden.

Was bewegt nun Menschen, sich in das Drama-Dreieck zu begeben, anstatt in einem offenen Dialog miteinander zu kommunizieren?

Der/die Rolleninhaber/in aktiviert in seiner bevorzugten Rolle des Retters, Opfers oder Verfolgers alte Denk- und Fühlmuster, die er/sie schon in der Kindheit gelernt bzw. von nahen Bezugspersonen übernommen hat. Hierbei wird das Grundbedürfnis nach Struktur befriedigt.

Das Wiederholen der alten Muster gibt Sicherheit, man befindet sich in der Kommunikation auf „vertrautem Boden" und kann sich seine (einschränkende) Sicht der Welt bestätigen. Gleichzeitig kommt es durch die verschiedenen Rollenwechsel jedoch auch zu einer verstärkten Stimulierung in dem Gespräch. Es passiert etwas. Dies bedeutet eine Befriedigung des Grundbedürfnisses nach Stimulation. Ausschlaggebend für die Entstehung eines Drama- Dreiecks in der Kommunikation ist die unausgesprochene Einladung einer „spielwilligen" Person an den/die Gesprächspartner/in, eine passende komplementäre Rolle in dem Dialog einzunehmen. Nimmt er/sie die Einladung an, so kann das „psychologische Spiel" beginnen und es hört erst auf, wenn einer der Spielpartner aussteigt.

Ein bewusst herbeigeführter Ausstieg ist möglich, indem das Gespräch durch eine Kreuzung der Transaktionen beendet wird. Dies bedeutet, aus einem unproduktiven Ich-Zustand heraus in das Erwachsenen-Ich zu wechseln.

Menschen, die gerne in die **Retterrolle** schlüpfen, erleben durch die Anerkennung anderer eine Aufwertung ihrer Persönlichkeit. Diese Form von Zuwendung ist jedoch wenig authentisch, da sie einerseits aus einer Bevormundung besteht, (ich weiß, was gut für dich ist ...) und andererseits das beteiligte Opfer in einem Abhängigkeitsverhältnis klein und unmündig hält, (wenn du mich nicht hättest ...). Retterpersonen fällt es schwer, in offener Weise um Zuwendung zu bitten. Oftmals retten sie vermeintlich schwache Personen, um dadurch Zuwendung zu erhalten und sich gut (o.k.) zu fühlen. Das zeigt, dass unter dem vordergründig fürsorglichen Eltern-Ich ein angepasstes, verunsichertes Kind-Ich liegt.

In der **Opferrolle** genießen Menschen die Fürsorglichkeit und Zuwendung der Retter, ohne dabei selbst aktiv zu werden (Ich bin klein und hilflos, ich schaffe es nicht alleine).Von den Verfolgern erhalten sie dagegen eher demütigende bzw. grenzüberschreitende Impulse. Indem sie sich als Person oder ihre Fähigkeiten abwerten, suchen Opfer Zuwendung, die sie dann - von Verfolgern meist in negativer Form – auch von ihren Mitmenschen erhalten. Die Opferrolle beinhaltet ebenfalls subtile Manipulationsstrukturen. So wird z.B. dem Retter signalisiert, dass man auf seine Unterstützung angewiesen ist. Schlägt dann die Rettungsaktion fehl, entwickelt sich zuweilen aus dem vorher hilflosen Opfer ein Verfolger. (Du hast versagt, denn du hast es – wieder einmal – nicht geschafft, mir zu helfen). Manchmal flüchten sich Menschen als Opfer in eine Krankheit. Sie brauchen dann keine Verantwortung für eine eventuell anstehende Konfliktklärung zu übernehmen und nutzen die Krankheit als „heimliche Bestrafung" für nicht erfüllte Rettungen oder eine Verfolgungsaktion. Damit kann sich aus einem vordergründigen Opfer ein verdeckter Verfolger entwickeln.

Für den **Verfolger** ist Kontrolle ein wichtiges Thema. Auf diese Weise kann der Verlauf der Kommunikation sowie die gesamte Beziehungsgestaltung dominiert und beeinflusst werden. Das Kontrollieren und Abhängig halten gibt dem Verfolger eine vermeintliche Sicherheit. (Ich weiß es besser als du, ich habe den besseren Überblick. Was wäre, wenn …). Für diese Denk- und Handlungsweise erhält der Verfolger unechte Zuwendung aus dem angepassten Kind-Ich der Mitspieler, die tief im Inneren gewünschte echte Zuwendung bleibt ihm jedoch verwehrt. Letztendlich liegt unter dem Verfolger selbst oft ein angepasstes, verunsichertes Kind-Ich, welches die Verfolgungsstrategie als Ersatzlösung gewählt hat, um sich selbst im Kontakt mit anderen o.k. zu fühlen.

Bereits im Kindergartenalter sind Kinder in der Lage, ein Drama-Dreieck zu inszenieren. Sie fühlen sich als Opfer, verfolgen andere oder versuchen zu retten. Oftmals möchten sie dadurch bei ihren Bezugspersonen Anerkennung und Zuwendung erhalten.

Schon Kindern fällt es manchmal schwer, ihr Bedürfnis nach Zuwendung offen zu äußern oder darum zu bitten. Stattdessen benutzen sie verdeckte Transaktionen. Wenn Kinder sich solche Rollen einprägen, verfestigen sich diese einschränkenden Denk- und Verhaltensmusters mit der Zeit zu Grundhaltungen, die einen offenen Kontakt mit anderen Menschen erschweren.

Hierfür ein Beispiel:

Klaus will im Turnraum mit seinem Freund Felix spielen. Er fragt Felix und dieser sagt: „Du bist blöd. Du darfst nicht mitspielen!" (Verfolger)

Klaus kommt aus dem Turnraum und sagt zur Erzieherin: „Felix lässt mich heute nicht mitspielen. Außerdem hat er gesagt, dass ich blöd bin!" (Opfer)

Erzieherin: „Oh, das tut mir aber leid. Komm wir reden noch einmal mit Felix." (Retter)

Im Turnraum angekommen sagt sie zu Felix: „Du lässt Klaus jetzt mitspielen, hast du mich verstanden?" (Verfolger)

Felix: „Immer werde ich geschimpft. Der Klaus hat mich auch schon mal geärgert!" (Opfer)

Erzieherin: „Ich will euch doch nur helfen, damit ihr miteinander spielen könnt!" (Retter)

Klaus: „Ich will jetzt gar nicht mehr mit dem Felix spielen. Der ist nicht mehr mein Freund!"

Er streckt Felix die Zunge heraus und verlässt den Turnraum. (Verfolger)

Die Erzieherin schaut die beiden Kinder ratlos an und denkt: „Ich schaffe es einfach nicht, das Sozialverhalten in der Gruppe zu verbessern!" (Opfer)

Mit dem Einsatz einer Handlung/Gefühl-Stellungnahme hätte das Gespräch sicher einen produktiveren, lösungsorientierten Verlauf genommen. Die Kinder wären in einem ersten Schritt motiviert worden, über ihre wahrgenommenen Gefühle zu sprechen, anschließend die Verantwortung für ihr Handeln zu übernehmen und sich gegebenenfalls auch zu entschuldigen.

Kinder sind auch scharfe Beobachter. Sie nehmen wahr, wie Erwachsene miteinander kommunizieren und ahmen dies nach, (Lernen am Modell). Die Beachtung des Grundbedürfnisses nach Zuwendung und die Einbeziehung der verschiedenen (positiven) Formen von Zuwendung unterstützen ein offenes und wertschätzendes Miteinander, (Lernen durch Verstärken und emotionales Lernen). Dadurch verringert sich der Impuls, auf manipulative Weise durch verdeckte Transaktionen Beachtung zu erhalten oder Zuwendung zu bekommen.

Durch die Nutzung der Gefühle-Scheibe sowie der Gefühle -Stühle lernen Kinder (und Erwachsene) ihre Gefühle mitzuteilen. Dadurch entsteht eine ehrliche, authentische Kommunikation, ebenso bei der Handlung/ Gefühl-Stellungnahme.

Allerdings ist solch ein offener Austausch nur möglich, wenn das Umfeld an einem ehrlichen Gespräch interessiert ist. Daher ist es äußerst sinnvoll, die eigene Kommunikation öfters anhand der drei beschriebenen Transaktionsformen zu überprüfen und sich darüber in privaten sowie in Arbeitsbeziehungen auszutauschen.

Für die Entwicklung von emotionaler Kompetenz brauchen Kinder und Erwachsene eine geschützte Atmosphäre. Diese kann mit einem so genannten kooperativen Vertrag geschaffen werden. Ein kooperativer Vertrag ist eine freiwillige Übereinkunft zwischen Menschen, die beschließen, ganz bewusst auf verdeckte Transaktionen zu verzichten und sich für eine ehrliche Kommunikation zu öffnen bzw. zu entscheiden. Die grundlegende Voraussetzung hierfür ist, dass Menschen an echten Gefühlen interessiert sind, dass sie aufrichtig wissen wollen, wie der/die andere sich fühlt und weshalb er/sie sich so fühlt.

Ein Verzicht auf verdeckte Transaktionen bedeutet, dass wir in unserem Alltag aufrichtig sagen, was wir empfinden und was wir brauchen, (z.B. welche Form von Zuwendung für uns wichtig ist). Verschweigen oder unterschlagen wir unsere (vielleicht heimlichen) Wünsche, anstehende Bedürfnisse oder unsere Befindlichkeit, geraten wir leicht in Versuchung, diese auf verdeckte Weise zum Ausdruck zu bringen. Daher ist es wichtig, im pädagogischen Alltag Zeit für einen offenen und wertschätzenden Austausch einzuplanen. In der Familie kann dies z.B. eine Gesprächsrunde sein, die ein bis zweimal in der Woche stattfindet. Ein gemütliches Beisammensein ohne Fernseher, Computer und Telefon. Vielleicht kann mit einer Tasse Tee und einer Kerze eine entspannte Atmosphäre gestaltet werden, in welcher jedes Familienmitglied mitteilen kann, was sie/ihn gerade bewegt, oder was er/sie braucht, bzw. sich wünscht. Hierbei sind in erster Linie allerdings **keine materiellen** Wünsche gemeint!

Auch im Kindergarten und in der Grundschule ist es äußerst sinnvoll, in einem Morgen- oder Schlusskreis die eigene Befindlichkeit mitzuteilen und anstehende Wünsche und Bedürfnisse auszusprechen.

Ebenfalls wichtig ist die Vermeidung von Rettungsaktionen. Wenn wir ungefragt unsere Hilfe anbieten, unserem Gegenüber ohne dessen deutliche Anfrage mit Lösungsvorschlägen helfen wollen, so befinden wir uns in der Retterrolle. In dieser Rolle machen wir entweder mehr, als unser angemessener Anteil ist, oder wir machen etwas, was wir eigentlich gar nicht machen wollen. Im Rahmen eines kooperativen Vertrages beschließen wir, selbst die Verantwortung für unsere Bedürfnisse und Gefühle zu übernehmen. Wir fragen uns ehrlich, was wir brauchen und teilen dies unserem Gegenüber in einer angemessenen Form im Erwachsenen-Ich-Zustand mit. Eine äußerst hilfreiche Unterstützung ist hierbei, vorher um Erlaubnis zu fragen:

„Darf ich dir einen Wunsch mitteilen?", „Darf ich dir erzählen, wie ich mich gerade fühle?", „Hast du/haben Sie gerade Zeit? Ich würde gerne mit dir/Ihnen über eine Sache sprechen, die mich innerlich sehr beschäftigt." oder „Darf ich dir eine Rückmeldung geben?"

Wichtig ist, dass die Frage um Erlaubnis dem alltäglichen Sprachgebrauch angepasst und in eigenen Worten formuliert wird. Meine große Tochter Elisabeth hat hierzu folgende Anmerkung gemacht:

„Als Kind/Jugendliche fand ich solche Gesprächsmethoden eher affig und gestelzt. Heute weiß ich, dass es wichtig ist, in entsprechenden (Konflikt)Situationen sich die wahren, authentischen Gefühle möglichst zeitnah mitzuteilen, weil man auch manches wieder vergisst oder im nach hinein glaubt, dass es doch nicht so wichtig ist. Ebenso sinnvoll ist es, klar zu machen, wie der/die andere darauf reagieren soll, wenn der/die Gesprächspartner/in sich öffnet. Dass er/sie sich die Rückmeldung anhört, sie ernst nimmt und ihm/ihr das auch so signalisiert. Dabei muss klar sein, dass es in erster Linie um eine informative Mitteilung geht, damit der/die andere weiß, was gerade innerlich gefühlsmäßig vorgeht."

Wenn wir solche kooperativen Absprachen in der Familie, im Kindergarten und in der Schule üben und auch einhalten, schaffen wir eine neue, wertschätzende Gesprächsstruktur, in welcher sich emotionale Kompetenz entwickeln und wachsen kann.

Eine weitere hilfreiche Unterstützung bei der Gestaltung einer ehrlichen, die Entwicklung und Beziehung stärkenden Kommunikation bietet die Benutzung von so genannten Ich-Botschaften. Allerdings nutzen Menschen in Gesprächen neben den Ich-Botschaften meist noch andere Botschaften, die eine eher contraproduktive Wirkung haben. Daher möchte ich nachfolgend die vier geläufigsten Botschaften und ihre Wirkungsweise kurz beschreiben.

4.5 Welche Botschaften vermittele ich in Gesprächen? (Man – Wir – Du – Ich)

Ich-Botschaften haben in der Kommunikation eine wesentliche Bedeutung. Sie gestalten Gespräche effektiver und sind oftmals „Türöffner" in schwierigen Gesprächsverläufen. Ich-Botschaften werden zumeist aus dem Erwachsenen-Ich gesendet und laden zu einer informativen, wertfreien und somit die Beziehungsqualität unterstützenden Gesprächsatmosphäre ein. Wenn wir Menschen unsere Gefühle mitteilen wollen, oder wenn sich andere Menschen uns gegenüber öffnen, so brauchen wir solch eine Atmosphäre. Gerade bei der Handlung/Gefühl-Stellungnahme haben Ich-Botschaften eine zentrale Bedeutung. Sie bilden die Grundlage für einen geschützten Rahmen, in dem ein offener Austausch über die Gefühle stattfinden kann.

Gleichzeitig sind der Gebrauch von „Man-", „Wir-", und „Du"-Botschaften in der alltäglichen Kommunikation ziemlich verbreitet. Diese Botschaften werden oftmals unbewusst benutzt. Daher ist es, besonders auch in der pädagogischen Arbeit mit Kindern, äußerst sinnvoll, die eigenen Dialoge zu reflektieren und einmal nachzuspüren, welche Botschaften in Gesprächen weitergegeben werden.

Die nun folgende Aufzählung habe ich mit freundlicher Genehmigung des Limmer-Verlages aus dem *Trainings-Handbuch zur konstruktiven Gesprächsführung von Manfred Gührs und Claus Nowak (S. 57)* übernommen und mit ein paar Beispielsätzen ergänzt:

Man-Botschaften

- setzen Normen, ohne Gründe zu nennen
- dienen als Ausflüchte und zum Versteckspielen
- verwischen die Kontur klarer Beziehungen
- wirken als Killer für eine prägnante, lebendige Kommunikation

Typische Man-Botschaften sind die Sätze: „So etwas tut **man** nicht." – „Um diese Familie hätte **man** sich halt besser kümmern müssen." – „Im Zeitalter der Medien muss **man** diese auch nutzen."

Viele Man-Botschaften können dem (kritischen) Eltern-Ich zugeordnet werden. Sie laden den/die Gesprächspartner/in ein, ebenfalls das Eltern-Ich zu besetzen und sich gemeinsam über einen Tatbestand aufzuregen. In der Transaktionsanalyse wird eine Kommunikation dieser Art auch als „Zeitvertreib" bezeichnet. Eine andere Möglichkeit wäre, dass das Gegenüber einen Kind-Ich-Zustand besetzt. Dies könnte zum einen das rebellische Kind sein. Dann bewirkt die Man-Botschaft eine Rebellion. Wird hingegen das angepasste Kind-Ich mit Energie besetzt, bewirkt die Man-Botschaft eine angepasste Haltung. Die Normen werden bestätigt, es wird keine eigene Meinung geäußert.

Man-Botschaften können in der Verfolgerrolle auch als Einstieg in das Drama- Dreieck benutzt werden.

Wir-Botschaften

- suggerieren Gemeinsamkeiten, die vielleicht gar nicht da sind
- schieben etwas unter und wirken vereinnahmend
- verwischen die Intention und Verantwortlichkeit
- rufen Anpassung oder Widerstand hervor

Wir-Botschaften lassen sich oft im Umgang mit Kindern und älteren Menschen finden: „**Wir** nehmen jetzt schön brav die Medikamente, denn **wir** wollen ja wieder gesund werden"– „**Wir** warten jetzt, bis die Mama kommt" – „**Wir** denken doch nur an deine Zukunft" – „**Wir** müssen in der heutigen Zeit flexibel sein!" Dies sind nur einige in unserem Sprachgebrauch geläufige Redensarten.

Der im Kindergarten oft benutzte Satz „Wir räumen jetzt alle auf!" ist letztendlich sogar contraproduktiv, weil sich das einzelne Kind dabei oftmals nicht angesprochen fühlt.

Wir-Botschaften werden meist auch aus einem Eltern-Ich-Zustand gesendet. Sie laden zu einer parallelen Eltern-Kind-Ich Transaktion ein und können bei dem Gegenüber je nach Kind-Ich-Energie Anpassung oder Rebellion bewirken.

Wir-Botschaften werden oftmals aus der Retterrolle gesendet und dienen dann als Einstieg in das Drama-Dreieck.

Du-Botschaften

- werden leicht als bedrängend erlebt
- sind oftmals Zuschreibungen oder (Rat-) Schläge
- provozieren Verteidigung
- wirken auf der Basis von Ich-Botschaften als Türöffner

„Du bist ein unmögliches Kind!", „Du bist ein schlechter Schüler!" oder „Du regst mich auf!"

Du-Botschaften kommen meist aus einem kritischen Eltern-Ich und richten sich in Form einer parallelen Transaktion an das angepasste oder rebellische Kind der jeweiligen Kontaktperson.

Als Zuschreibung oder bedingungslos negative Zuwendung wirken sie verunsichernd, abwertend und somit entwicklungshemmend. Dementsprechend werden sie im Drama-Dreieck zumeist in der Verfolgerrolle benutzt.

Auf der Grundlage von Ich-Botschaften können Du-Botschaften jedoch Sachverhalte beschreiben und Konflikte klären.

„Ich werde schnell wütend, wenn du so laut mit mir schimpfst.", „Ich bin traurig, weil du heute keine Geschichte vorgelesen hast." , „Wenn du so spät heim kommst, mache ich mir Sorgen, denn ich habe Angst um dich." oder „Ich mag es nicht, wenn du morgens zu spät in die Schule kommst."

Ich-Botschaften

- sind offen und kalkulierbar
- öffnen die Tür zur emotionalen Ebene(!)
- sind konfrontierend, ohne anzugreifen
- betonen die eigenen Bedürfnisse und Verantwortlichkeiten

„Ich würde mich heute Abend gerne mit dir für einen kurzen Austausch zusammensetzen.", „Ich bin gerade wütend, traurig, freue mich, habe Angst vor ...", „Ich hatte heute einen anstrengenden Tag, daher bitte ich dich, mir jetzt beim Aufräumen zu helfen." oder „Ich bin heute sehr müde, daher möchte ich nicht mit dir ins Kino gehen."

Ich-Botschaften informieren über die eigenen Gefühle oder Wünsche. Mit ihrer Unterstützung können Sachverhalte beschrieben und Konflikte in einer offenen, wertschätzenden Gesprächsform geklärt werden. Hierdurch wird eine angreifende Gesprächshaltung vermieden und der Fokus auf eine wertschätzende Grundhaltung gelegt, in welcher Absprachen getroffen und Übereinkünfte erzielt werden können.

Ich-Botschaften kommen meist aus dem Erwachsenen-Ich, manchmal auch aus dem freien Kind. Sie laden den/die Gesprächspartner/in ein, ebenfalls einen produktiven Ich-Zustand mit Energie zu besetzen.

In der pädagogischen Arbeit mit Kindern sowie auch im Familienalltag sind Ich-Botschaften eine hilfreiche Unterstützung. Sie signalisieren dem Gegenüber „Ich nehme dich ernst", „du bist mir wichtig", „ich möchte in einer ehrlichen Weise mit dir reden". Damit bilden sie eine wirksame Präventionsmöglichkeit bei der Entstehung oder Benutzung von verdeckten Transaktionen und den Einstieg in das Drama-Dreieck.

Daher ist es äußerst sinnvoll, die eigenen Kommunikationsmuster zu überprüfen und in Gesprächen immer wieder genau hinzuhören, wer da in uns, mit uns oder mit anderen spricht.

Kinder lernen von uns und mit uns. Wenn wir mit den Kindern gemeinsam offen über unsere Wünsche, Gefühle sprechen, Sachverhalte erläutern oder Konflikte klären, fördern wir damit ihre seelische Entwicklung und schaffen eine wertschätzende Beziehungsebene. Damit stärken wir die Kinderseele und tragen gleichzeitig zu einer effektiven Bildungsgrundlage bei.

Die in diesem Buch beschriebene Konzepte, Beispiele und Gedankenimpulse fördern das persönliche Wachstum in pädagogischen Prozessen, in der Familie, im Kindergarten und in der Schule.

Transaktionen verlaufen oftmals unbewusst. Mit Unterstützung des Ich-Zustands-Modells können sie im pädagogischen Alltag bewusst gemacht werden. Eine bewusst gestaltete Kommunikation bildet wiederum die Grundlage für die Entwicklung von emotionaler Kompetenz, welche letztendlich die Basis für eine konstruktive Beziehungsebene und somit die Grundvoraussetzung für gelingende Bildungsprozesse ist.

Am Ende dieses Buches möchte ich noch einmal auf den anfangs zitierten Liedtext „Man vergisst nichts" zurückkommen. Kinder sind neugierig, spontan und intuitiv. Oftmals können sie ihre authentischen Gefühle noch spüren und wollen diese auch mitteilen. Wenn sie Angst haben, dabei verletzt zu werden, wenn ihre Emotionalität belächelt oder ignoriert wird, gehen sie mit der Zeit auf Abstand.

Die Kinderseele zu stärken bedeutet, dass wir Kindern zuhören, dass wir sie ermutigen, sich zu öffnen und sich uns mitzuteilen. Daher ist es wichtig, dass wir als Pädagoginnen und Pädagogen den Kindern eine wertschätzende Basis für ihre Gefühle anbieten. Dies bedeutet auch, dass wir selbst ab und zu in unserem eigenen „Kinderbuch" lesen und uns so mit den Erfahrungen und Erlebnissen aus der eigenen Kindheit beschäftigen. Vielleicht spüren wir dann wieder die Neugierde und Kreativität des freien Kindes und möglicherweise stoßen wir dabei auch auf alte Verletzungen, die uns auf Abstand gehen ließen.

In der achtsamen Auseinandersetzung mit der eigenen Kindheit können alte Verletzungen heilen. Gleichzeitig bereiten wir damit für die Kinder und für uns selbst einen Boden, auf welchem persönliches Wachstum und gemeinsames Lernen gedeihen können. Auf diese Weise unterstützen wir eine beziehungsorientierte Pädagogik, welche die Kinderseele stark macht.

„Wenn du mich zart und sanft berührst,
wenn du mich anschaust und mir zulächelst,
wenn du mir manchmal zuhörst,
bevor du redest,
werde ich wachsen, wirklich wachsen."

(Bradley, neun Jahre alt)

(Aus „Spontan leben", S.67, Muriel James, Dorothy Jongeward, Rowohlt Verlag)

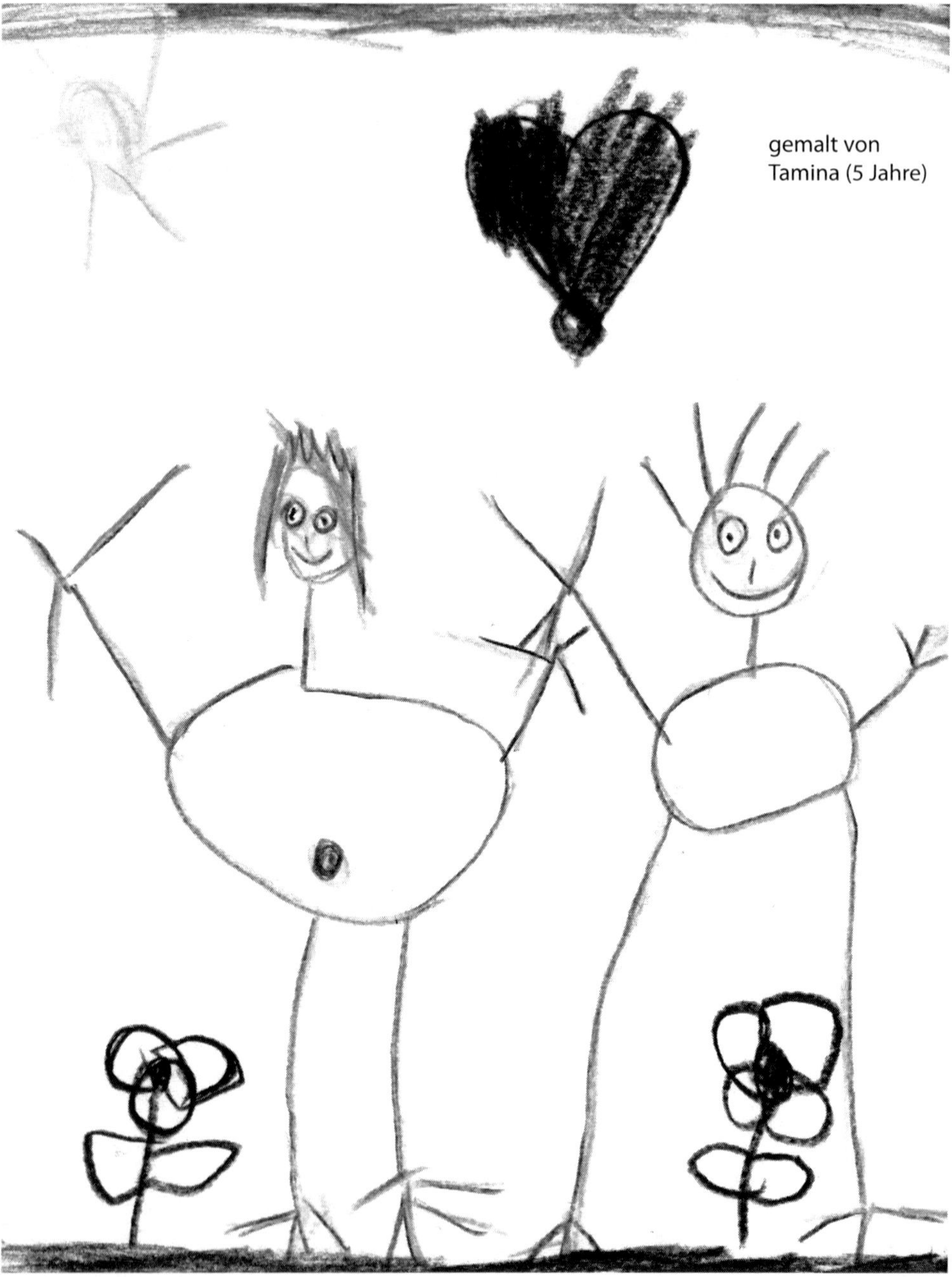

gemalt von
Tamina (5 Jahre)

Danke!

Am Ende dieses Buches möchte ich einigen Menschen ein ganz herzliches **Danke** sagen. Sie haben mich auf unterschiedliche Weise unterstützt, mich motiviert und bestärkt, dieses Buch zu schreiben und es auch zu veröffentlichen.

Danken möchte ich meiner (ehemaligen) TA-Ausbilderin Dörthe Verres. Sie hat mich schon im Herbst 2004 ermutigt, meine Idee, ein pädagogisches Fachbuch zu schreiben, in die Tat umzusetzen. Danke Dörthe, für deine warmherzige und ebenso kompetente Begleitung während meiner „Lehrjahre" und für dein wunderbares Vorwort!

Ein weiterer bestärkender Impuls kam im Sommer 2006 von Claude Steiner. Danke, Claude für deine motivierenden Worte!

Meine ehemalige Kollegin und Freundin Margit Krüger-Wittmack gab mir durch ihre einerseits ermutigende und gleichzeitig Struktur gebende Begleitung eine wertvolle Unterstützung während des Schreibprozesses. Danke Margit!

Danken möchte ich auch Michael Schmidt für sein Interesse an einer inhaltlichen Auseinandersetzung. Danke Michael, für den lebendigen und kompetenten Austausch!

Ein weiteres Dankeschön geht an eine TA-Kollegin aus Weinheim und einen TA-Kollegen aus der Schweiz, die mir wertvolle und wertschätzende Impulse gegeben haben. Danke, Isa und danke, Jürg!

Und eine besonders tief empfundene Dankbarkeit geht an die vier Menschen, die mir emotional am nächsten stehen: Meine drei Kinder

Tilmann, Elisabeth, Felicitas und mein Lebensgefährte Emil. Ich danke euch für eure Begleitung, eure Anteilnahme, eure Unterstützung und vor allem für eure Liebe. Es ist schön, dass es euch gibt!

Clemens Bittlinger danke ich für sein spontanes Einverständnis, zwei seiner Lieder abzudrucken.

Zuletzt möchte ich mich noch bei Frau Heugel vom Rosamontis Verlag für ihre hilfreiche und wertschätzende Unterstützung, sowie für die produktive und kompetente Zusammenarbeit bedanken.

Petra Reeg-Herget

Wenn du glücklich bist

2. Wenn du wütend bist, dann stampfe mit dem Fuß,...
(stampf)

3. Wenn du traurig bist, dann seufze doch mal,...
(seufz)

4. Wenn du Angst hast, dann such' dir einen Freund,...
(den Nachbarn umarmen oder an der Hand/Arm berühren)

5. Und wenn du mich gern hast, gib mir einen Kuss,...
(schmatz)

6. Wenn du bei mir bist, dann zeig mir, wie's dir geht ...
(klatsch, stampf, seufz, umarm, schmatz)

Wenn wir zusammenkommen

Text Verse: Clemens Bittlinger
Text Ref.: aus dem Amerikanischen/
dt. Text: Clemens Bittlinger

Musik Verse: Clemens Bittlinger
Musik Ref.: trad.

A7 D A7 D
1. Wir sin - gen Lie - der und auf und nie - der,
2. Wir spie - len Spie - le, bei de - nen vie - le,
3. Trin - ken und Es - sen wird nicht ver - ges - sen,
4. Kei - ner und kei - ne bleibt heut' al - lei - ne,
A7 D A7 D
gehn' wir um - her, das ist nicht schwer.
al - le die wol - len, mit - ma - chen sol - len.
Ap - fel und Brot, das schmeckt uns gut.
stehst Du am Rand? Gib mir die Hand.

Aufstehn, aufeinander zugehn

Text u. Musik: Clemens Bittlinger,

Fachbücher

Medien für die praxisbezogene Umsetzung von entwicklungsfördernden und die Beziehung stärkenden Konzepten aus der Transaktionsanalyse im pädagogischen Alltag

Balance der drei psychologischen Grundbedürfnisse nach Stimulus, Struktur und Anerkennung/Zuwendung:

„Bewegte Stille"
Wie Kinder ihre Lebendigkeit ausdrücken und zur Ruhe finden
Autorin: Sylvia Lendner-Fischer
Kösel Verlag

„Die Seele eines Kindes atmen lassen: Hierfür brauchen Kinder nicht nur Stille, sie brauchen auch Bewegung. Gerade daran fehlt es Kindern heute allzu oft. Geben wir ihnen die Freiheit zurück, ihrer Lebendigkeit Ausdruck zu verleihen und stärken sie für ein Leben, in welchem sich Kreativität, Stärke und Zufriedenheit entwickeln können. Dabei müssen Bewegung und Stille keine Gegensätze sein, vielmehr ist deren Kombination erst die ideale Voraussetzung dafür, sich von Stress und Unwohlsein zu befreien.
Die von Sylvia Lendner-Fischer ausführlich beschriebenen und im Alltag erprobten Übungen für Kinder im Alter von drei bis zehn Jahren laden ErzieherInnen, GrundschullehrerInnen und Eltern zum Mitmachen ein. Geschichten, Gedichte und Lieder wie auch die vielen farbigen Fotos machen das Buch zu einer lebendigen Lektüre."

„Kinder mit Mandalas zur Stille führen"
Kreative Anregungen und praktische Übungen für Eltern und Kinder
Autorin: Gisela Preuschoff
Herder Verlag

„Mandalas lassen Kinder Stille und Konzentration erfahren. Sie lösen Verspannungen und glätten emotionale Wogen. Sie beseitigen seelische und motorische Unruhe und lassen das Kind bei sich selbst ankommen. Eine fülle von Anregungen, wie man Mandalas mit Kindern gestalten kann und für kleine Rituale, in denen ihre ordnende und beruhigende Kraft besonders wirksam wird."
Leider sind nur noch wenige Exemplare dieses Buches im Handel erhältlich.

„Die schönsten Mandalas"

Illustriert von Johannes Rosengarten
Edition Bücherbär

Ansprechende und kindgerecht gestaltete Mandalas zum Ausmalen für Familien, Kindergarten und Grundschule.

„Kinder malen Mandalas"

24 Blätter zum Ausmalen
Verlag am Eschbach – Noah Verlag

Sehr ansprechend gestaltete Mandalas. Durch die teilweise differenzierte Gestaltung eignen sich die Mandalas für ältere Kindergartenkinder ab fünf Jahren und natürlich für die Grundschule.

„Viele kleine Streichelhände"

Kinder massieren Kinder
Autorin: Sabine Seyffert
Menschenkinder Verlag
Massagen und Entspannungsübungen mit Spielgeschichten und Liedern

„Kinder werden immer mehr durch Stress, Hektik und Unruhe in ihrer Persönlichkeitsentwicklung negativ beeinflusst. Durch die Massage- und Entspannungsübungen in diesem Buch werden spielerisch Körperwahrnehmung und Körperbewusstsein gestärkt. Das macht Kinder selbstsicher und unterstützt die positive Entfaltung ihrer Persönlichkeit. Bei den beschriebenen Übungen massieren Kinder sich selbst, gegenseitig oder in einer Gruppe."
Für Familien, Kindergarten und Grundschule geeignet.

„Harmonische Kindermassage"

So fördern sie das Wohlbefinden ihres Kindes

Autoren: Heidi Velten/Bruno Walter

Kösel Verlag

„Die Harmonische Kindermassage wendet sich einerseits an Eltern, die bereits die Babymassage bei ihren Kindern angewendet haben und diese nun fortsetzen wollen. Andererseits ist sie für Eltern und Kinder gedacht, die bislang noch keine Massageerfahrungen gemacht haben und diese gerne nachholen wollen. Die wichtigsten Griffe wurden fotografisch festgehalten und ermöglichen so einen leicht nachvollziehbaren Einstieg.
Bruno Walter hat früh erkannt, dass die Notwendigkeit einer intensiven körperlichen Zuwendung und Berührung nicht mit dem Babyalter endet.
Ein Bestandteil in diesem Ratgeber ist u. a. der Einsatz von ätherischen Ölen bei der Massage der verschiedenen Körperreflexzonen von Kindern." (Heidi Velten)

„Miteinander wachsen"

Transaktionsanalyse für Eltern und Erzieher

Autoren: Dorothy E. Babcock /Terry D. Keepers

Chr. Kaiser Gütersloher Verlagshaus

„Eine Besonderheit der Transaktionsanalyse ist es, dass sie die komplexen und vielschichtigen Prozesse zwischenmenschlicher Kommunikation in einfache Sprache und Anschauung aufschlüsseln kann: Viele praktische Beispiele helfen, die hier angebotenen Konzepte zur Lösung der eigenen Erziehungsprobleme einzusetzen."
Das Buch eignet sich zum Einzelstudium, zum gemeinsamen Lesen für Elternpaare und für die Arbeit mit Elterngruppen. Dieses Buch ist zurzeit leider nur noch in einer begrenzten Anzahl im Handel erhältlich.

„Grenzen, Nähe, Respekt"

Wie Eltern und Kinder sich finden

Autor: Jesper Juul

Rowohlt Taschenbuch Verlag

„Dieses Buch handelt von dem, was man mit einem altmodischen Ausdruck „den Kindern Grenzen setzen" nennt. Es beschreibt Möglichkeiten, sich gegen andere Menschen, auch gegen kleine und große Kinder, so abzugrenzen, dass zwischen beiden Seiten ein möglichst guter Kontakt besteht und ohne dass eine von beiden Seiten schaden leidet." (Jesper Juul)
Ein informatives, mit praktischen Beispielen unterlegtes Buch, welches sich inhaltlich für Familien, jedoch auch für pädagogisches Fachpersonal eignet.

Bilderbücher zum Grundbedürfnis nach Zuwendung – Zuwendung geben und annehmen

Die Bilderbücher sind im Kindergarten, in der Familie und teilweise auch in der Grundschule einsetzbar. Letztendlich sind sie auch für erwachsene Menschen gut geeignet, um das freie Kind zu stärken und über das Thema Zuwendung ins Gespräch zu kommen.

„Mein Körper gehört mir"

Pro Familia, Illustrationen von Dagmar Geisler
Loewe Verlag

Dieses Buch regt dazu an, über das Geben und Nehmen von körperlicher Zuwendung ins Gespräch zu kommen. Für Kinder ist es wichtig sich ihrer Gefühle und ihres Körpers bewusst zu werden und zu erkennen, was sie mögen und was sie nicht mögen. Mit seinen klaren, ansprechend illustrierten Bildern und dem einfachen Text gibt das Buch anregende Impulse für Gespräche und zum gemeinsamen Nachdenken über das Thema körperliche Zuwendung.

„Kannst du nicht schlafen, kleiner Bär?"

Martin Waddel, Barbara Firth
Annette Betz Verlag

Der kleine Bär kann nicht einschlafen, weil er Angst vor der Dunkelheit hat. Mutter Bär bringt ihm daher mehrmals Laternen in verschiedenen Größen. Zum Schluss nimmt sie ihn bei der hand und die beiden gehen nach draußen und schauen sich die dunkle Nacht vor der Bärenhöhle an. Und dabei schläft der kleine Bär im arm seiner Mutter ein.
Ein liebevoll und ansprechend illustriertes Kinderbuch mit einem einfühlsamen Begleittext.
Empfehlenswert für Familien und Kindergartenkinder.

„Alberta geht die Liebe suchen"

Andrea Hebrock, Isabel Abedi

Sauerländer Verlag

Weil im Frühling angeblich die Liebe erwacht, beschließt die kleine Maus Alberta, die Liebe zu suchen. Während ihrer Suche trifft sie einen jungen Mäuserich, der sich mit dem gleichen Anliegen auf den Weg gemacht hat. Die beiden beschließen, gemeinsam weiter zu suchen. Als sie die Suche am Abend auf- geben, merken sie, dass sie die Liebe doch gefunden haben.

Ein ansprechend illustriertes Bilderbuch mit einem dazu passenden, warmherzigen Begleittext. Empfehlenswert für Familien und Kindergartenkinder.

„Weißt du eigentlich, wie lieb ich dich hab?"

Sam Mc Bratney, Anita Jeram

Sauerländer Verlag

Der kleine Hase möchte dem großen Hasen zeigen wie lieb er ihn hat. Er breitet seine Arme aus oder streckt sie in die Höhe. Dann zeigt der große Hase, wie lieb er den kleinen Hasen hat. Seine Arme und Beine sind länger. Zum Schluss fällt dem kleinen Hasen der Mond ein.

„Ich hab dich lieb bis zum Mond", sagte der kleine Hase. „Oh, das ist weit", sagte der große Hase. Das ist sehr, sehr weit".

Ein liebevoll und ansprechend illustriertes Bilderbuch mit einem warmherzigen Text über das Liebhaben. Empfehlenswert für Familien und Kindergartenkinder.

Erlaubnisse, die das Selbstbewusstsein stärken:

„Der Ernst des Lebens" (für Schulanfänger)

Sabine Jörg, Ingrid Kellner

Thienemann Verlag

Anette hört, dass mit sechs Jahren der Ernst des Lebens anfängt. Sie kann sich jedoch darunter nichts vorstellen. Nach den Aussagen der Erwachsenen ist es eine wohl weniger erfreuliche Situation, mit dem Ernst des Lebens bekannt zu werden.

Als Anette in die Schule kommt, lernt sie einen netten Jungen kennen, mit dem sie sich gut versteht. Der Junge heißt Ernst...!

Ein einfühlsames und zugleich Mut machendes Bilderbuch für zukünftige Schulanfänger und unsichere Erstklässler.

„Prinzessin Isabella“

Cornelia Funke, Kerstin Meyer

Oetinger Verlag

Prinzessin Isabella, die jüngste von drei Schwestern, möchte keine Prinzessin mehr sein. Sie ist es leid, nur in feinen Kleidern und mit einer Krone auf dem Kopf herumzulaufen. Stattdessen möchte sie eine Hose anziehen und auf Bäume klettern. Ihrem Vater, dem König, passt dies überhaupt nicht. Es kommt zu einem heftigen Streit, doch Isabella vertritt mutig ihre Ansichten. Die humorvoll geschriebene und illustrierte Geschichte endet mit der Einsicht, des Vaters, dass ihm die Beziehung zu seiner Tochter wichtiger ist als die äußere Erscheinung.

Eine wunderschöne ermutigende und das freie Kind stärkende Geschichte für Kinder im Kindergartenalter und erwachsenen Menschen, die sich oft im angepassten Kind-Ich befinden.

Grundpositionen – „Ich bin o.k. – du bist o.k.“

„Das kleine Ich bin Ich“

Mira Lobe, Susi Weigel

Jungbrunnen Verlag, 26. Auflage, 1972

Das kleine Ich bin Ich weiß nicht, welches Tier es ist. Es geht auf die Suche und fragt verschiedene Tiere um Rat. Es hat jedoch mit keinem Tier etwas gemeinsam. Am Ende wird ihm klar, dass es etwas ganz Besonderes ist, weil es eine eigene Persönlichkeit hat. An der Reaktion der Tiere lässt sich das Konzept der Grundpositionen kindgerecht darstellen

„Klar, dass Mama Ole lieber hat“ – „Klar, dass Mama Anna lieber hat“

Kirsten Boi , Silke Brix – Henker

Oetinger Verlag

In diesem Doppelbilderbuch erzählen die Geschwister Ole und Anna jeweils aus ihrer Sicht, weshalb ihre Mutter die Schwester bzw. den Bruder lieber hat. Dabei werden einige Streit- und Eifersuchtsbeispiele aufgezählt. Als die beiden jedoch eines Abends alleine zu Hause sind, merken sie, wie wichtig einer für den anderen ist.

Dieses Bilderbuch eignet sich gut zum Vorlesen in Familien und im Kindergarten. Auf einer ernstzunehmenden und zugleich auch humorvollen Weise werden typische Alltagssituationen unter Geschwistern beschrieben. Die Botschaft ist, dass die beiden Geschwister im Grunde froh sind, einander zu haben und dass jeder von seinem Wesen her in Ordnung ist.

Gefühle wahrnehmen und ausdrücken

„Ich und meine Gefühle“

Holde Kreul , Illustrationen von Dagmar Geisler

Loewe Verlag

Kinder wissen oft nicht, wie sie mit ihren Gefühlen umgehen sollen. Da Gefühle von außen schnell bewertet werden, erfahren Kinder, dass es sehr problematisch und unangenehm sein kann, wenn man seine Gefühle zeigt. Die eigenen Gefühle wahrzunehmen und verantwortungsvoll mit ihnen umzugehen ist ein Lernprozess und wichtig für das Zusammenleben.

Dieses Buch lädt mit seinem einfachen Text und den ausdrucksstarken Bildern zum Gespräch über die eigenen Gefühle ein.

Es eignet sich für Familien, Kindergarten und ist auch in der Grundschule einsetzbar.

„Der Seelenvogel“

Michal Snunit, Na ama Golomb

Carlsen Verlag

„Tief, tief in uns wohnt die Seele. Noch niemand hat sie gesehen aber jeder weiß, dass es sie gibt. Und jeder weiß auch, was in ihr ist …“

Die einfühlsam beschriebene Geschichte von dem Seelenvogel lädt dazu ein, nach Innen zu blicken, den eigenen Gefühlen nachzuspüren, darüber miteinander ins Gespräch zu kommen oder die eigene Befindlichkeit bildhaft auszudrücken. Kinder (und auch Erwachsene) können so ein Bild von ihrem Seelenvogel malen und darstellen, wie sie sich fühlen und welche Themen sie gerade bewegen.

„Streiten gehört dazu, auch wenn man sich lieb hat“

Dagmar Geißler, Jana Frey

Ravensburger Verlag

Tom ist ein Streit zwischen seinen Eltern viel zu laut und es macht ihm Angst. Ab sein Vater erklärt ihm, wie der Streit entstanden ist und dass Mama und Papa sich trotzdem gern mögen.

Für Kinder kann streit zwischen ihren Eltern eine bedrohliche Sache sein. Sie entwickeln Verlustängste und beziehen den Streit auf sich und ihr Verhalten.

Diese einfühlsam beschriebene Geschichte setzt sich auf eine sehr kindgerechte Weise mit den bei einem Streit entstehenden Gefühlen wie Wut und Angst auseinander. Auch hilft sie zu verstehen, dass Streit befreien kann und nicht zwangsläufig zu Trennung führt, denn Streiten gehört zum Alltag dazu, auch wenn man sich lieb hat.

Dieses Buch halte ich besonders für Familien sehr geeignet. Auch im Kindergarten ist es einsetzbar, allerdings würde ich es eher in einer Kleingruppe vorlesen und besprechen.

„Hurra, gewonnen! – Mist, verloren!"

Isabel Abedi, Silvio Neuendorf

Ars Edition Verlag

Die kleine Gans und die kleine Ziege sind Freundinnen. Doch als die kleine Ziege auf dem gemeinsam besuchten Kindergeburtstag bei einem Wettspiel gewinnt, ist die kleine Gans beleidigt – denn sie hat verloren. Es gibt Streit und jede geht alleine nach Hause. Beide sind wütend. Dann denken sie darüber nach, wie der Streit entstanden ist und nehmen auch die unterschiedlichen Gefühle wahr. Beiden ist nicht egal, wie die Freundin sich nun fühlt. Schließlich treffen sie sich am Abend noch einmal auf der Wiese und reden miteinander…
Das Doppelbilderbuch eignet sich gut, um mit Kindern im Kindergartenalter über die Handlung/Gefühl-Stellungnahme zu sprechen und diese anhand der beiden Hauptfiguren näher zu erläutern.

„Ich und meine Wut" – Konstruktives Ausagieren von Aggressionen:

„Wo die wilden Kerle wohnen"

Maurice Sendak

Diogenes Verlag, 1967

Max möchte gerne ein wilder Kerl sein. Nach einem Konflikt mit seiner Mutter muss er ohne Essen ins Bett. Da wächst plötzlich ein Wald in seinem Zimmer und dann reist er mit einem Segelboot zu dem Ort, wo die wilden Kerle wohnen. Nachdem sich Max gemeinsam mit den wilden Kerlen ausgetobt hat, verspürt er plötzlich Sehnsucht nach zu Hause. Er verabschiedet sich und segelt zurück in sein Zimmer, wo das Essen schon auf ihn wartet.
Ein bereits über viele Jahrzehnte hin bewährtes Bilderbuch, welches sich zum Gespräch mit Kindern über Aggressionen und „wild sein" gut eignet, (siehe „Power-Projekt").

„Du hast angefangen! Nein, Du!"

David Mc Kee

Sauerländer Verlag, 11. Auflage 1996

Die Geschichte handelt von einem roten und einem blauen Kerl. Der eine lebt an der Westseite des Berges, der andere an der Ostseite. Gesehen haben sich die beiden nie, doch sie

reden durch ein loch im Berg miteinander. Eines Tages fangen sie an zu streiten. Der blaue Kerl behauptet, dass der Tag geht, der rote Kerl erwidert, dass die Nacht kommt. Am Anfang rufen sie sich Schimpfwörter zu, später werfen sie Steine über den Berg. Am Ende ist der Berg zerstört und die beiden Kerle treffen sich in der Mitte ihrer Verwüstung, die sie gemeinsam angerichtet haben. Sie gehen aufeinander zu, reden miteinander und erkennen, dass sie immer das gleiche gesehen haben….
David Mc Kee hat eine ebenso einfache wie vieldeutige Bildergeschichte gemacht, die von Kindern jeden Alters sofort begriffen wird und die ihnen auch Spaß macht- nicht nur der prächtigen Schimpfwörter wegen. Was sich da abspielt, hat jeder schon erlebt: Wie aus Unsinn, aus Recht behalten wollen schlimmes entstehen kann.
Die Geschichte motiviert, sich mit dem Thema Aggression konstruktiv auseinanderzusetzen und mit Kindern darüber ins Gespräch zu kommen, (siehe „Power-Projekt").

„Ferdinand"

Munro Leaf

Diogenes Verlag, 1993

Ferdinand ist ein prachtvoller Stier. Im Gegensatz zu den anderen Stieren auf der Weide schnuppert er am liebsten an den Blumen, oder setzt sich an seinen Lieblingsplatz, der alten Korkeiche. Eines Tages kommen Stierkämpfer aus Madrid. Sie suchen einen großen und starken Stier für ihre Kämpfe in der Arena. In diesem Augenblick wird Ferdinand auf der Wiese von einer Hummel gestochen. Brüllend und wutschnaubend rennt er umher. Die Stierkämpfer sind begeistert und nehmen ihn mit. Doch in der Arena hat Ferdinand nur Augen für den schönen Blumenschmuck der Frauen und er beginnt zu schnuppern….
Die Geschichte von Ferdinand zeigt, dass es auch durchaus in Ordnung ist, nicht kämpfen zu wollen. Sie macht deutlich, dass es unterschiedliche Bedürfnisse gibt und regt mit ihrer humorvollen und gleichzeitig einfühlsamen Schilderung zum gegenseitigen Verständnis an.

„Spiele zum Umgang mit Aggressionen"

Autorin: Rosemarie Portmann

Don Bosco Verlag

Die mehr als 150 Interaktionsspiele und Übungen in diesem Buch sind eine leicht anwendbare Möglichkeit, Prozesse zur konstruktiven Bewältigung von Wut und Aggressionen in Gang zu setzen. Hierdurch können Kinder und Jugendliche lernen, ihre Gefühle und Bedürfnisse einzubringen und aktiv und selbst bestimmt zu handeln.

Literaturliste

Babcock Dorothy E. / Keepers Terry D.
"Miteinander wachsen", Transaktionsanalyse für Eltern und Erzieher, Chr. Kaiser/Gütersloher Verlagshaus, 5. Auflage 1998

Bach, R. George / Goldberg, Herb
„Keine Angst vor Aggression",
Fischer Verlag, 16. Auflage Januar 2002

Baumgartner-Reichenbach, Karin
„Du darfst wachsen",
Verlag der Elementarlehrerinnen- und Elementarlehrerkonferenz des Kanton Zürich

Brown, Michael, Woolams, Stan, Huige, Kristyn
„Abriss der Transaktionsanalyse",
Frankfurt am Main: Fachbuchhandlung für Psychologie, 1983

Deutsche Gesellschaft für Transaktionsanalyse (Hrsg.)
„Sicher kommunizieren, zufrieden leben, effizient arbeiten" Informationsbroschüre der deutschen Gesellschaft für Transaktionsanalyse

Dosick, Wayne
„Kinder brauchen Werte", 10 Lebensregeln, die Kindern Halt und Orientierung geben
Knaur Verlag, August 1998

English, Fanita
„TransaktionsAnalyse",
Iskopress Verlag, 5. Auflage 1998

Gordon, Thomas
„Familienkonferenz“, Die Lösung von Konflikten zischen Eltern und Kind,
Rowohlt Verlag, 1981

Grönemeyer, Dietrich
„Lebe mit Herz und Seele“, Sieben Haltungen zur Lebenskunst,
Herder Verlag, 2006

Grün, Anselm
„Geborgenheit finden- Rituale feiern“
Kreuz Verlag, Stuttgart 1997

Gührs, Manfred / Nowak, Claus
„Das konstruktive Gespräch“,
Limmer-Verlag, 3. überarbeitete und erweiterte Auflage 1995

Gührs, Manfred / Nowak, Klaus
„Trainingshandbuch zur konstruktiven Gesprächsführung“,
Limmer-Verlag, 1. Auflage 2003

Hebrock, Andrea / Abedi, Isabel
„Alberta geht die Liebe suchen“
Sauerländer Verlag, 10. Auflage 2006

Hennig, Gudrun / Pelz, Georg
„Transaktionsanalyse“,
Junfermann Verlag, 2002

James, Muriel / Jongeward Dorothy
„Spontan leben“,
Rowohlt Verlag, Juli 1996

Juul, Jesper
„Grenzen, Nähe und Respekt“, Wie Eltern und Kinder sich finden“,
Rowohlt Verlag, Juli 2000

Kleinewiese, Elisabeth
„Kreisgesicht-Symbole“
Eine visuelle Darstellung der Funktion der Ich-Zustände
Institut für Kommunikationstherapie (Verlag), Berlin 1980

Kreul, Holde
„Ich und meine Gefühle“,
Loewe-Verlag, 3.Auflage 2000

Leaf, Munro
„Ferdinand“, Diogenes, 1993

Lobe, Mira
„Das kleine Ich bin Ich“,
Verlag Jungbrunnen, 26. Auflage 1972

McKee, David
„Du hast angefangen! Nein, Du!“,
Verlag Sauerländer, 11.Auflage 1996

Meier-Winter, Thomas
„Anwendung der Transaktionsanalyse“,
Theorie und Praxis in der Schule, Buchreihe „SLZ“ im Verlag LCH, Zürich 1994

Preuschoff, Gisela
„Kinder mit Mandalas zur Stille führen“,
Kreative Anregungen und praktische Übungen für Eltern und Kinder, Herder Verlag, 1997, 2. Auflage

Sendak, Maurice
„Wo die wilden Kerle wohnen“, Diogenes, 1967

Smulders, Angelica, (Hrsg.)
„Die Macht der Gefühle“,
Beiträge zum transaktionsanalytischen Symposium, Tübingen 2002

Servan-Schreiber, David
„Die neue Medizin der Emotionen“,
Verlag Antje Kunstmann, 1. Auflage 2004

Spitzer, Manfred
„Lernen“, Gehirnforschung und die Schule des Lebens, Spektrum Verlag, 2002
Steigerwald, Dorothea
„Ich wünsche dir Geborgenheit“,
Brendow Verlag, 2. Auflage 2001

Steiner, Claude
„Emotionale Kompetenz“,
dtv, 2. Auflage, Mai 2000

Steiner, Claude
„Wie man Lebenspläne verändert“,
dtv, 3. Auflage, Mai 1996

Thomson, George
„Angst, Zorn und Traurigkeit“,
aus der Zeitschrift für Transaktionsanalyse, Junfermann, 6/1989 Seite 59-67

Velten, Heidi / Bruno Walter
„Harmonische Kindermassage“
Kösel Verlag, München 2000